Loretta Stern, Eva Nagy
Einmal breifrei, bitte!

W0172519

# LORETTA STERN, EVA NAGY

# Einmal breifrei, bitte!

## Die etwas andere Beikost

KÖSEL

## Hinweis

Alle Hinweise, Empfehlungen und Anleitungen in diesem Buch sind von den Autorinnen sorgfältig geprüft worden. Sie beruhen auf langjähriger Erfahrung und haben sich in der Praxis bewährt. Die Umsetzung geschieht in eigener Verantwortung der Leserinnen und Leser. Eine Haftung vonseiten der Autorinnen, der medizinischen Beraterin oder des Verlags wird hiermit ausdrücklich ausgeschlossen.

MIX
Aus verantwortungs-
vollen Quellen
FSC® C005833

Verlagsgruppe Random House FSC® N001967
Das für dieses Buch verwendete FSC®-zertifizierte Papier Primaset
liefert Arctic Paper Grycksbo, Schweden.

3. Auflage 2014
Copyright © 2013 Kösel-Verlag, München,
in der Verlagsgruppe Random House GmbH
Medizinische Beratung: Gudrun von der Ohe, Ärztin sowie
Still- und Laktationsberaterin IBCLC
Umschlag: t. mutzenbach design, München
Umschlagmotiv © AVAVA/Shutterstock
Brokkoli: Drozdowski/Shutterstock; Obstsalat: Andrey Shtanko/Shutterstock;
Möhren: Brent Hofacker/Shutterstock; Schalen: Coprid/Shutterstock
Illustrationen: Weiss Werkstatt, München
Lektorat: Katrin Fischotter
Layout, Satz und Herstellung: Karin Fercher, Alling
Druck und Bindung: Těšínská tiskárna, Český Těšín
Printed in the Czech Republic
ISBN 978-3-466-34587-8

www.koesel.de

# Inhalt

Prolog      9

Vorwort von Dr. Herbert Renz-Polster: Nicht von dieser Welt      11

Alles B(r)eikost – oder was?      14
Loretta sagt: Darum Fingerfood!      18


## Teil 1: Die Theorie      21

Die (neue) Beikost – Wie, wo, was, wann?      21
Der richtige Zeitpunkt      22
Bei Beikost geht es nicht um Sattwerden      24
Alle Füße unter einen Tisch!      27
Wichtige Grundlagen      28
Wann gibt man nun was … und in welcher Reihenfolge bitte?      31
Besondere Gelüste und Vorlieben      33
Was ist im ersten Jahr zu vermeiden?      38
Baby isst und lernt ganz nebenbei      41
     Konsistenzen, Beschaffenheiten und Geschmäcker 41 ○
     Koordination 41 ○ Kauen und Schlucken 42

Hilfe, kann mein Kind dabei nicht ersticken?      45
Der Würgereflex      45
     Rückenklopfmethode und Heimlich-Manöver 46

Wie verhält sich's denn nun mit den Allergien?
Und deren potenzieller Vermeidung?      51
Alles Gesunde ist erlaubt!      51
Allergien und Ersatzmilch (Formulanahrung)      55
Wie steht es mit der Zöliakie (Glutenunverträglichkeit)?      56
Was können Eltern sonst noch zur Allergievorbeugung tun?      57

Stillen 58

Stillen und Eisen 58

Teamwork: Vitamin C und Eisen 60

Fleischfrei? 63

Öl – welches ist das beste? 63

Die Still-Gretchenfrage – oder: Ist es überhaupt noch modern,
6 Monate voll zu stillen? 65

Schwankungen der Stillfrequenz 67

Wie viel Kalorien braucht mein Baby? 68

Ab wann kann man Stillmahlzeiten auslassen? 71

Berufstätigkeit und Stillen 74

Abstillen 75

Grundsätzliche Tipps zur Milchreduzierung 77

Fingerfood bei Fläschchen-Kindern 77

Trinken 80

Ab wann und was trinken? 80

Wie setze ich mein Kind an den Tisch –
Schoß oder Hochstuhl? 83

Karlines Selbstesser-Tagebuch 87

Teil 2: Die Praxis 101

Auf Los geht's los 101

Wann geht's noch mal genau los? 101

Was brauche ich alles? 104

Zuerst die Ausrüstung … 104

Des Weiteren brauchen Sie … 110

Wie hätten Sie's denn gerne? – Zubereitungen
und Darreichungsformen 112

Die Entscheidungsfreiheit aller Beteiligten berücksichtigen  119

Jetzt geht's lohooooos …  123

Wie geht's weiter?  129

Windel-Wunder-Welt  133

War das wirklich die richtige Idee??  134

Nachhaltigkeitsgedanken  140

Auswärts essen  141

Und was ist mit Besteck?  146

Geschafft: ein komplett fertiger, kleiner Selbstesser!  148

Schlussworte  150

# Anhang  151

Anmerkungen  151

Weiterführende Links und Literatur  156
  Interessante Kommentare zu der AWMF-Leitlinie und Beikost 156 ❍
  Leitlinien zur Allergieprävention 156 ❍ Spannende Literatur 156 ❍
  Adressen rund ums Stillen 157 ❍ Das Mutterschutzgesetz
  zum Nachlesen 157

Register  158

# Prolog

August 2010: Bald also Beikost. Bisherige Stationen auf dieser erstaunlichen Abenteuerreise namens Mutterschaft, die ich vor rund 15 Monaten angetreten hatte, trugen Namen wie »Morgenübelkeit«, »Toxoplasmose-Screening« oder »anfängliche Stillschwierigkeiten«. Es mag an meinem generellen, sich in allen Lebenslagen manifestierenden Bedürfnis nach profunder Hintergrundinformation liegen, dass ich auch zu diesem Thema schon über ein wenig halbseidenes Halbwissen verfügte. Jedenfalls blickte ich dem Beginn des von mir für die Nahrungseinführung angedachten 7. Lebensmonats meiner Tochter Karline relativ gelassen entgegen.

Als dieser nun aber mit zügigen Schritten herannahte, wurde mir bewusst, dass mir gedankliche Ansätze wie »mittags mit einer Sorte Gemüsepüree beginnen« oder »Stillmahlzeiten nach und nach ersetzen« zwar sofort geläufig waren, aber irgendwie bei genauerer Überprüfung nicht konkret genug umsetzbar erschienen.

Beratende Hilfe war vonnöten, und so kontaktierte ich abermals die Hebamme und Stillberaterin, die Karline und mir in der ersten aufregenden Zeit so toll zur Seite gestanden hatte: Eva Nagy. Diese schaffte es dann innerhalb kürzester Zeit nicht nur, meine diffus aufkeimenden Sorgen (»Mache ich hoffentlich alles richtig?«) in schwungvolle Begeisterung für das Thema zu verwandeln, sondern auch, mir eine innere Gelassenheit zu vermitteln und darüber hinaus die praktische Fähigkeit, die Nahrungsaufnahme meines Kindes entspannt mit der meinen zu verbinden. Wie genau dies vonstattenging und warum mein Mädchen dann doch schon im zarten Alter von 5 Monaten und 12 Tagen statt eines Löffels Pastinakenbrei als Erstes ein kleines Stück Butterbrot auserkor, ihren Rachenraum zu passieren, möchte ich in diesem Buch gemeinsam mit Eva Nagy erzählen.

Es liegt mir mehr als fern, zu behaupten, dass der von uns vorgeschlagene Weg der einzig richtige und wahre sei – ich für meinen Teil bin ihn ja zur Stunde selbst nur lediglich mit **einer** Probandin gegangen. Jedes Kind is(s)t anders – vielleicht wird mein hypothetisches zweites mir verärgert die feste Nahrung um die Ohren werfen und außer Püriertem keine andere Darreichungsform akzeptieren.

Da sich aber zumindest für Karline und mich die Selbstesser-Variante als äußerst sinnvoll und vor allem vergnüglich herausstellte und ich obendrein unterwegs erkennen musste, dass all die Anregungen, Informationen und zum Teil ganz frisch durch neue Studien belegten Erkenntnisse in Sachen Nahrungseinführung, von denen ich durch Eva und begleitende Internet-Recherche erfuhr, in keiner schriftlich gebündelten Form vorhanden waren, gibt es nun dieses kleine Brevier.

Benutzen Sie es als Inspiration, als möglichen Wegweiser in Richtung Ihres eigenen Konzeptes im Umgang mit der sogenannten Beikost – meine wichtigste Erkenntnis der letzten Abenteuerjahre lautet nämlich folgendermaßen: Es gibt ihn nicht, den einen, einzig richtigen Weg für alle.

Aber dafür gibt es die Chance, beschwingt seinen eigenen zu suchen – und es wäre mir eine große Freude, Ihnen dabei helfen zu können!

Loretta Stern

# Vorwort: Nicht von dieser Welt

Beikost ist etwas für Eingeweihte. Jedenfalls bekommt man diesen Eindruck, wenn man die Broschüren der Babykosthersteller anschaut: ein ausgeklügeltes Farbleitsystem erklärt, welche Kost in welchem Monat für welches Kind die richtige Wahl ist. Ellenlange Tabellen, wie man sie sonst aus der Wissenschaft kennt.

Vielleicht ist das Beifüttern ja tatsächlich eine Wissenschaft? Wenn, dann hat sich das noch nicht herumgesprochen. Die Empfehlungen, welche Kost denn »richtig« für das Baby ist, widersprechen sich nämlich von Land zu Land: Die italienischen Eltern beginnen mit süßem Milchbrei, in den USA ist nichts anderes vorstellbar als »cereals« (Reisflocken), die Spanier dagegen propagieren Apfelgläschen und die Asiaten gar Reis mit Fisch. Während die deutschen Eltern gerne zu Karotten greifen, bevorzugen die Franzosen Artischocken. Kein Wunder, dass der weltweit renommierteste Zusammenschluss von Kinderärzten, die American Academy of Pediatrics, resignierend feststellt: »Die beste Methode zum Beifüttern ist nicht bekannt.« Bei den Empfehlungen spiele vor allem eines eine Rolle: »Mythen und Folklore«.

Das ist harte Kost. Machen wir uns also auf den Weg. Mein Vorschlag wäre, dass wir einen wählen, der sich auch beim Verständnis anderer Entwicklungsfragen bewährt hat: der Weg in die Vergangenheit. In die Menschheitsgeschichte. Denn so neu und frisch uns unsere Kinder erscheinen, sie haben doch eine lange Geschichte hinter sich. Wie Kinder sich entwickeln, hat sich in der Menschheitsgeschichte eingeschliffen, von Generation zu Generation. Das Muster, nach dem sie groß werden, hat sich als Antwort auf die Herausforderungen gebildet, vor denen die Kinder in der Geschichte immer wieder standen. Sie mussten es ja immer wieder schaffen, die Kurve ins Erwachsenenleben zu kriegen. Und zwar erfolgreich.

Und dabei stellte sich ihnen auch ein Problem, das uns heute ellenlange Tabellen und viel Kopfzerbrechen beschert: Sie mussten die richtige Beikost bekommen. Anders wären sie nicht groß und stark geworden – und unsere Vorfahren am Beikost-Problem gescheitert.

Dass sie das nicht sind, verdanken wir einer bemerkenswerten Tatsache: Beikost ist nämlich eigentlich alles andere als schwierig. Denn evolutionär betrachtet waren ein paar Dinge unverhandelbar:

○ Wenn Beikost gegeben wurde, so bestand die Wahl nicht zwischen Stracciatella-Nachtisch oder Artischockenpüree. Die Wahl fiel vielmehr mitten in den mütterlichen Speiseplan. Das war bei einem Kind vielleicht leckerer Fisch, bei einem anderen waren es leckere Früchte. Als Beikost gab es nun einmal das, was die Eltern, Geschwister und Freunde aßen – mund- und altersgerecht dargeboten.

○ Das war nicht nur praktisch, sondern hatte auch den Vorteil, dass dem Kind diese Nahrungsmittel schon vertraut waren – schließlich kannte es die entsprechenden geschmacklichen Spuren bereits aus dem Mutterleib und von der Muttermilch. Auch dem reifenden Immunsystem des Babys waren die beigefütterten Lebensmittel bekannt, Abwehrreaktionen waren also nicht zu erwarten.

○ Unverhandelbar war auch das: Es gab keinen »Fahrplan«, der für alle galt! Das ist leicht verständlich: Für ein im Winter geborenes Kind sah das »Beikost-Schema« nun einmal völlig anders aus als für ein im Sommer geborenes!

○ Und aus Skelettfunden lässt sich ableiten, dass die evolutionäre Beikost gröber war als heute üblich – eine Fehlstellung der Kieferknochen wird nämlich erst seit dem 17. Jahrhundert in nennenswerter Häufigkeit beobachtet. Dies deutet auf eine insgesamt »härtere« kleinkindliche Kost hin. Schließlich ist es der Muskelzug beim Kauen, der den Kiefer formt und die Stellung von Ober- und Unterkiefer bestimmt.

Und anzunehmen ist auch etwas Weiteres: Die Kleinen hatten mehr zu tun, als ihren Brei auszulöffeln. Zum einen, weil der Pürierstab noch nicht erfunden war. Und zum anderen, weil das Essen mangels Kühlschrank und Lagerhaltung frisch zubereitet wurde. Heute bekommt man manchmal den Eindruck, das Essen kleiner Kinder bestehe darin, dass sie brav den Mund aufmachen und eine bestimmte Menge speziell für Babys gefertigter Spezialkost in einer vom Hersteller auf dem Etikett vermerkten Menge eingelöffelt bekommen. Diese passive Form der Nahrungsaufnahme widerspricht allem, was wir heute über kleine Kinder wissen: dass sie nämlich ihren Alltag, ihre Beziehungen und ihre Erkundungen mitgestalten wollen. Dass sie »selbstwirksam« sein wollen, wie Entwicklungspsychologen das nennen. Babys wollen mitmachen. Und das gilt auch für so etwas Zentrales, Wichtiges und Wunderbares wie das Essen. Es gibt viele Gründe, warum Babys nicht druckbetankt, belöffelt und bespielt werden wollen. Und es gibt viele Gründe, warum alle in der Familie von einem etwas entspannteren Zugang zum Thema Beikost profitieren.

Aber lassen Sie sich diese Geschichte in diesem spannenden Buch von einer »Mutti-Expertin« und einer echten Beikost-Spezialistin erzählen. Viel Spaß beim Lesen!

Dr. med. Herbert Renz-Polster
Kinderarzt und Autor
www.kinder-verstehen.de

# Alles B(r)eikost – oder was?

Bevor es nun wirklich losgeht, vorab noch ein paar erklärende Worte zur Form. Im ersten Teil des Buches haben wir versucht, alle Themen theoretisch zu beleuchten, die mich während unserer von Eva Nagy professionell begleiteten Abenteuerreise interessierten und umtrieben. Daher »spricht« hier meist die Expertin, ich gebe meinen Endverbraucher-Senf nur als »Mutti-Notiz« dazu, wenn es mir themenbezogen sinnvoll scheint. Des Weiteren haben wir, weil so etwas heutzutage ja elektronisch dokumentiert bleibt, zwei meiner Original-Mails an Eva mit hineingenommen.

So viel zum organisatorischen Unterbau des theoretischen Parts. Danach folgt dann das Tagebuch, das ich praktischerweise vom ersten Tag an führte – vielleicht hilft es Ihnen, so Sie sich auf unseren vorgeschlagenen Weg machen, unterwegs zu erfahren, wie es uns zu dieser Zeit so ging. Ich für meinen Teil habe damals ab und zu in englischsprachigen Foren bei gleichzeitig mit uns gestarteten Selbstesser-Versuchen mitgelesen, und irgendwie war das manchmal ganz tröstlich, erhellend oder knotenlösend, je nach unserer Laune am jeweiligen Tag. Der zweite Teil des Buches behandelt dann alle praktischen Ratschläge und Vorgehensweisen, sozusagen meine senfdazugebende Kernkompetenz, und Eva gibt noch ein paar Hebammen-Profi-Tipps.

**Eins noch**: Es ist für meine Begriffe in jeder Hinsicht sinnvoll, sich nicht nur in der Schwangerschaft, bei der Geburt und im Wochenbett von einer erfahrenen Hebamme betreut zu wissen, sondern durchaus auch noch bei eventuell später auftretenden Stillproblemen und der Nahrungseinführung. Wussten Sie eigentlich, dass Sie als Kassenleistung über die ersten 8 Lebenswochen hinaus (mit bis zu 20 Besuchen / Telefonaten durch Ihre Hebamme in den ersten 10 Lebenstagen und weiteren 16 Besuchen / Telefonaten bis zum Ende der 8. Lebenswoche) noch Anspruch auf bis zu acht weitere Beratungstermine mit der Hebamme haben? Bei Stillschwierigkeiten sogar bis zum Ende der Abstillphase, bei Ernährungsproblemen des Kindes bis Ende des 9. Lebensmonats. In besonderen Situationen können weitere Leistungen in Form von Hausbesuchen / Telefonaten durch die Hebamme auf ärztliche Anordnung in Anspruch genommen werden.

Sind Sie privat versichert, so ist es ratsam, sich genau zu erkundigen, welche Leistungen von Ihrer privaten Krankenversicherung übernommen werden. Unter www.hebammenverband.de > Familie > Hebammenhilfe finden Sie all diese Informationen und noch viel Hilfreiches mehr praktisch gebündelt nachlesbar. Dort können Sie sich auch bei der Hebammensuche und explizit bei der Recherche nach Hebammen, die Still- und Ernährungsberatung anbieten, vom jeweiligen Landesverband unterstützen lassen.

Krankenschwestern, Kinderkrankenschwestern, Hebammen und Ärztinnen mit der Zusatzqualifikation »Still- und Laktationsberaterin IBCLC« finden Sie auf folgenden Seiten:

www.bdl-stillen.de / stillberatungsuche.html

www.stillen.de / laktationsberatung-finden

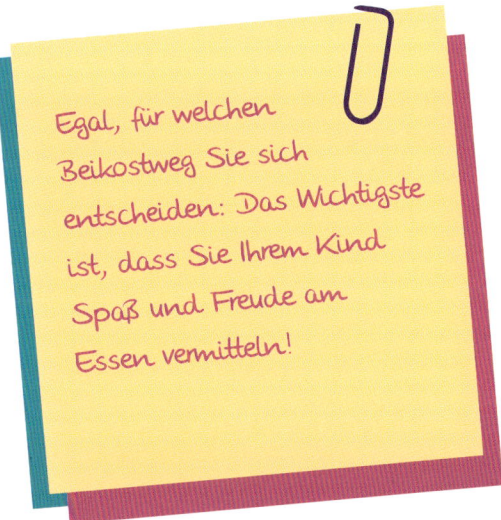

Egal, für welchen Beikostweg Sie sich entscheiden: Das Wichtigste ist, dass Sie Ihrem Kind Spaß und Freude am Essen vermitteln!

# Mutti-Notiz

Interessant finde ich, dass es nicht nur mir, sondern vielen befreundeten Müttern, mit denen ich über das Thema »Beikost« sprach, so ging: Irgendwie hat man das Gefühl, von einigen der »Beikost-Einführungsregeln« durchaus schon mal gehört oder gelesen zu haben, aber andererseits scheint einem dieses »Regelwerk« so komplex, dass man versucht ist, sich nach einem Fernuni-Kurs umzusehen.

Nicht zuletzt von der Industrie (ich will nicht unnötig verschwörerisch klingen, aber es lohnt sich, im jeweiligen Impressum der kostenlos beim Arzt oder in der Apotheke ausliegenden Elternzeitschrift oder des Beikost-Ratgebers nachzusehen, wer für die Finanzierung verantwortlich zeichnet; oftmals wirkt das Ganze sehr redaktionell, will sagen, neutral und journalistisch profund recherchiert, ist aber tatsächlich eine gut kostümierte und komplett industriell gesponserte Produktwerbung!) wird der Glaube genährt, dass es eine bestimmte und notwendige Reihenfolge und Vorgehensweise gibt, an die man sich zu halten habe: Zuerst sollte man eine Sorte Gemüse reichen, mittags scheint hierfür der richtige Zeitpunkt zu sein, dann nach ein paar Wochen einen Getreide-Obst-Brei (Kenner sagen GOB), nachmittags und als Nächstes abends einen (möglichst sättigenden) Milchbrei, damit das Kind hoffentlich tief und vor allem anhaltend schläft. Auch das kann man, so man will, einmal kurz genauer beleuchten: Geht es einem wirklich gut, wenn man so viel isst, dass man danach nur noch hilflos träge auf der Couch liegen und einschlafen möchte?? Was sind das für Gerichte, die einem eine so hochkalorisch dichte Energie (oft Kohlenhydrate aus Zucker!) liefern, dass es einen »umhaut«? Germknödel fallen mir spontan ein: ... Bekämen Sie gerne pürierte Germknödel als leichtes Abendmahl serviert?

Dieser zeitlich gestaffelte Versuchsaufbau steht so mehr oder weniger überall (zumindest in deutschen Publikationen) ge- und beschrieben. Aber warum eigentlich? In Spanien z. B. ist es gang und gäbe, zuerst püriertes Obst anzubieten und nicht Gemüse. In westafrikanischen Ländern Getreide- oder Maisbrei, in Indien Reis mit Joghurt.

Verstehen Sie mich nicht falsch, ich möchte nicht die grundsätzliche Vorgehensweise nach gewissen Regeln infrage stellen, sondern lediglich die zwingende Notwendigkeit! Jeder, der Lust hat, sich nach der gängigen und gemeinhin tradierten Reihenfolge zu richten, ist damit auf dem für ihn vollkommen richtigen Pfad unterwegs.

Ich maße mir auch nicht ansatzweise an, zu behaupten, dass der von uns aufgezeigte Weg der sinnvollste und gesündeste ist. Ich lade Sie einfach nur herzlich ein, Ihre eigene Einstellung zu überprüfen – handeln Sie in einer bestimmten Art und Weise, weil Sie wirklich von der Richtigkeit überzeugt sind, oder einfach nur, weil Sie die vage Vermutung haben, dass man das so machen sollte?

# Loretta sagt: Darum Fingerfood!

Wenn ich mich auf den überzeugendsten Grund für den Selbstesser-Weg festlegen müsste? Käme ich in Verlegenheit. Weil mir zeitgleich mehrere einfallen.

Vielleicht, dass mein Kind so von Anfang an den Vorgang »Essen« mit allen Sinnen begreifen kann. Versteht, dass man selbst dafür sorgen kann, dass das blöde, grummelige Gefühl im Bauch weggeht.

Dass man selbst entscheiden darf, mit welchem Geschmack das vonstattengehen darf. Dass es überhaupt lauter verschiedene Geschmäcker gibt, und dass man die aufregenderweise im Mund fühlen und erleben kann.

Dass es großen Spaß macht, diese lustigen, verschiedenen Dinge, Formen und Konsistenzen, die man da angeboten bekommt, Richtung Mund zu bewegen, daran herumzulutschen oder sie später hineinzubefördern.

Dass man schon so früh einen so bedeutenden Vorgang autark ausführen und dann stolz und zufrieden mit sich und den eigenen Fähigkeiten sein darf.

Das waren ja schon mehrere Argumente, sagen Sie? Mitnichten, lediglich die Detailerklärung des ersten!

Hier kommen erst die weiteren, die sich schon emsig in meinem Hirn aufreihen und ungeduldig auf ihren Auftritt warten:

Dass die Familie gemeinsam essen kann oder, falls nicht die ganze Familie versammelt ist, zumindest die oder der eigentlich für die »Fütterung« Zuständige zeitgleich speist.

Dass man fürs gemeinsame »Auswärts-Einkehren« (auch bei Freunden – es geht ja gar nicht immer gleich um einen Restaurant-Besuch) keine weiteren Vorbereitungen treffen muss, nichts weiter einpacken und vor allem auch vor Ort nichts anmischen, warm machen oder Ähnliches.

Dass man sich nicht sorgen muss, ob das Kind genug gegessen hat – dafür trägt es höchstselbst die Sorge. Dass man auf der anderen Seite auch nicht riskiert, zu viel ins Kind »hineinzufüllen«, weil es ja selbst merkt, wann es genug hat, und aufhört zu essen (und so eben auch versteht, was Sattsein bedeutet!).

Das ist meine Meinung – jetzt ist es Zeit für die Fakten, damit Sie sich die Ihre bilden können. Auf geht's in die fröhlich-bunte Welt der Selbstesser …

# Teil 1: Die Theorie

## Die (neue) Beikost – Wie, wo, was, wann?

Liebe Eva,

nachdem Du Karline und mir vor einiger Zeit so toll das Stillen erklärt hast;-), komme ich nun gerne auf Deinen Vorschlag zurück, uns bei der Beikosteinführung beratend zur Seite zu stehen.

Karline ist jetzt bald 5 Monate alt, glücklicherweise ja kerngesund, altersgerecht entwickelt und putzmunter, und so langsam mache ich mir nun also Gedanken, wie das alles vonstattengehen soll.

Über ein wenig halbseidenes Halbwissen verfüge ich sehr wohl – allerdings reicht das nicht aus, um so einfache Dinge beschließen zu können wie: Zu welchem Zeitpunkt und wann fange ich an? Und, viel wichtiger: womit!!!? Mittags mit einer Sorte Gemüse? Wie genau zubereitet? In welcher Darreichungsform? Irgendwie kann ich mir das praktisch noch nicht so richtig vorstellen. Welche Mengen muss man denn da ungefähr zubereiten? Biete ich ihr vor oder nach dem Stillen etwas an? Wenn sie großen Hunger hat, ist sie ja ziemlich unleidlich und hat sicher keine Geduld für einen Vorgang, der sich ihr ja überhaupt nicht erschließt (sie weiß ja noch gar nicht, dass durch Essen das blöde Gefühl im Bauch verschwindet!) – aber wenn sie schon satt ist, macht das Ganze ja sicher noch weniger Spaß!

Fragen über Fragen – vielleicht zerdenke ich das Ganze auch unnötig und mache es komplizierter, als es ist? Können wir uns bald treffen? Ich freu mich darauf.

Liebe Grüße
Loretta

## Der richtige Zeitpunkt

**Erst einmal:** Das Thema Beikost ist viel weniger kompliziert, als es vielleicht auf den ersten Blick scheint, denn Ihr Baby wird Ihnen Zeitpunkt, Tempo, Sorte, Konsistenz und Menge auf seine Weise mitteilen! Wenn Ihr Kind noch völlig desinteressiert mit am Familientisch sitzt, ist es noch nicht bereit für die Beikost.

Wenn es hingegen schon:

- aufmerksam zuschaut, wie das Essen in Ihrem Mund verschwindet, vielleicht sogar schon Ihre Kaubewegungen nachahmt,
- mit nur wenig Unterstützung aufrecht sitzen kann und den Kopf gut und stabil hält,
- nach Essbarem greift und es sich auch mal in den Mund steckt,
- sich vom Rücken auf den Bauch drehen kann,
- der Zungenstoßreflex (mit dem das Kind automatisch alles aus dem Mund herausschiebt) verschwunden ist
- … und alle Beteiligten gut drauf sind,
  dann können Sie loslegen!

Interessant dabei ist, dass die Mund-Zungen- und Schluckmotorik eine Verbindung zum Drehen vom Rücken auf den Bauch hat. Durch das Drehen kann die Zunge im Mund auch eine gute seitliche Bewegung machen – sehr praktisch, wenn man das Essen im Mund herumschieben will, denn das ist DIE Voraussetzung, damit es mit der Beikost überhaupt klappt.

Das bedeutet im Umkehrschluss: Wenn ein Kind sich noch nicht drehen kann, wird es wahrscheinlich auch noch nicht so richtig bereit für die Beikost sein. Sie können es aber natürlich dennoch ausprobieren, wenn Sie möchten!

Mit etwa einem halben Jahr sind die meisten Kinder bereit für die Beikost – manche ein wenig früher, manche allerdings auch erst mit 10 Monaten oder später.

Gängige Empfehlung ist, mit einem Brei zu beginnen: Sie garen also ein Stück Gemüse (oder Obst) Ihrer Wahl und pürieren es mit ein wenig Garwasser zu einem möglichst homogenen Brei. (Oder natürlich: Sie kaufen ein Gläschen. Bitte achten Sie auf das Kleingedruckte, denn manchmal sind unnötige Zusätze, wie z. B. Zucker als Maltose, Fructose oder Glucose enthalten.) Sie lassen das Ganze auf Körpertemperatur (ca. 37 °C) abkühlen und probieren dann aus, ob sich das Baby mit dem Löffel füttern lässt.

Breiessen ist etwas ganz Neues für Ihr Kind, es sieht Sie mit einem Löffel, da ist was drauf – und weiter? Es muss erst einmal darauf kommen, dass es seinen Mund öffnen soll, wenn der Löffel in seiner Nähe ist. Wie bekommt es den Brei vom Löffel und wie kann es ihn schlucken? Einige Kinder kriegen ganz schnell raus, wie das alles funktioniert, und essen schon beim ersten Mal die Schüssel leer, andere sind erst nach Wochen so weit, einen Löffel Brei zu schlucken.

# Bei Beikost geht es nicht um Sattwerden

Manche Kinder wollen lieber selbst essen, statt gefüttert zu werden. Für sie gibt es einen anderen Weg, den wir hier »Fingerfood« nennen, denn genau darum geht es: Sie bieten Ihrem Kind Essen an, das Kind greift es mit seinen Händen und entscheidet, was und wie viel es davon essen möchte.

Geben Sie Ihrem Kind z. B. gegartes Obst oder Gemüse in »Pommes-frites-Größe«. So kann es gut gegriffen werden und verschwindet nicht in der kleinen Faust. Wenn das Kind das Essen in der Hand hält, sollte davon oben und unten jeweils ein Stückchen aus der Faust rausschauen.

Es sollte so weich sein, dass Ihr Kind das Stück mit der Zunge am Gaumen zerdrücken kann, es aber beim Zugreifen nicht zerfällt. Zum Kennenlernen, An- und Auslutschen können Sie Ihrem Kleinen z. B. ein Stück Gurke, Wassermelone (roh) oder Karotte (roh oder gekocht) anbieten. Natürlich kann das Baby die rohe Karotte und die Gurke (mehr dazu auf S. 31) nicht zwischen Gaumen und Zunge zerdrücken, es geht ja anfangs beim Selbstessen auch nicht unbedingt um Nahrungsaufnahme, sondern vielmehr um spielerische Kontaktaufnahme mit dem Essen, um Greifen, Zum-Mund-Führen, Abschlecken, Neue-Geschmäcker-Erleben.

Gut zu wissen: Anfangs geht es bei der Beikost nicht um Sättigung, sondern um Spielen, Nachahmen und Dabeisein am Familientisch – auf diese Weise wird das Baby langsam verschiedene Nahrungsmittel kennen- und essen lernen.

In den ersten Fingerfood-Beikost-Wochen wird Ihr Kind auf Essens-Entdeckungsreise gehen:

- Wie sieht das Essen aus, was ist überhaupt essbar, was ist nur Spielzeug?
- Wie lässt sich ein gegarter Brokkoli am besten greifen? Wie ein Stück Banane?
- Wie fühlt sich das Essen in der Hand an, wie im Mund?
- Wie schmeckt es, wie riecht es?

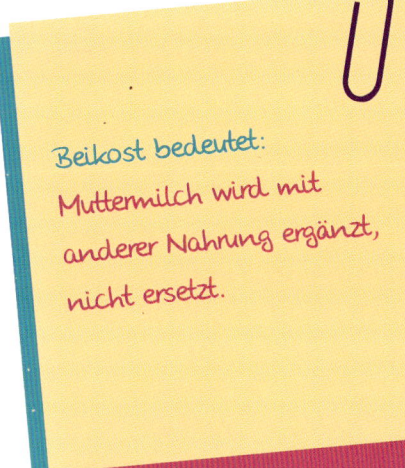

Beikost bedeutet:
Muttermilch wird mit anderer Nahrung ergänzt, nicht ersetzt.

Anfangs wird am Essen konzentriert herumgelutscht, etwas wird vielleicht eingespeichelt und zermalmt, mal ein klitzekleines Stückchen heruntergeschluckt. Das hat eben noch nichts mit Nahrungsaufnahme und Sättigung zu tun. Macht aber nichts, denn Sie stillen nach wie vor nach Bedarf bzw. geben weiterhin Formulanahrung (siehe S. 77 ff.).

So ist Ihr Baby weiterhin gut mit allen Nährstoffen versorgt, die es braucht, und Sie haben überhaupt keinen Zeitdruck, möglichst schnell von Milch auf »unsere« Kost umzustellen. Ganz im Gegenteil: Ihr Kind sollte die Möglichkeit haben, langsam und gemütlich die Nahrungsvielfalt kennenzulernen. Die Umstellung darf ruhig ein halbes Jahr (oder länger) dauern. Wichtig ist, abwechslungs- und nährstoffreiche Kost anzubieten.

Ob Sie zuerst stillen oder erst feste Nahrung anbieten, ist dabei nicht festgelegt, denn Ihr Kind wird Ihnen auch hier den Weg zeigen. Vielleicht ist es so neugierig und aufgeregt, dass es erst Beikost haben will und Stillen erst im Anschluss interessant ist. Oder sie oder er möchte sich zuerst an der Brust satt trinken und kann sich dann mit vollem Magen ganz in Ruhe dem neuen Essen widmen. Kinder sind eben ganz verschieden. Mit der Zeit wird Ihr Kind schließlich immer mehr Beikost essen, wodurch sich die Mahlzeiten an der Brust langsam reduzieren werden. Spätestens dann hat Ihr Kind auch herausgefunden, dass nicht nur Muttermilch satt macht! Bei Flaschen-Kindern verhält sich das übrigens sehr ähnlich wie bei Still-Kindern (siehe auch S. 77 ff.).

Wenn Sie Ihrem Kind »Fingerfood« anbieten, wird es nicht gefüttert, sondern es soll selbstständig nach dem Essen greifen und es sich in den Mund stecken – wenn es das möchte!

Mit Zunge, Gaumen und Kiefer wird Ihr Kind dabei mit der Zeit so geschickt werden, dass es schließlich das Essen ganz klein zermanschen bzw. zermalmen und dann schlucken kann.

Diese andere Variante der Beikosteinführung ist in England vornehmlich durch das Buch **Baby-led Weaning** von Gill Rapley und Tracey Murkett bekannt geworden. Die meisten Babys finden diesen Weg sehr spannend! UNICEF und das Britische Gesundheitsministerium befürworten diese Art der Beikosteinführung.[1]

Sie müssen sich nicht für Brei ODER Fingerfood entscheiden (das sehen wir weniger strikt als die oben erwähnten Autorinnen), Sie können auch einfach beides ausprobieren oder kombinieren. Die Kinder zeigen schnell, welche Vorlieben sie haben. Beispielsweise bekommen manche Babys einen Brei (z. B. Fleisch-Kartoffel-Gemüse-Brei) gefüttert, und zum »Nachtisch« gibt es ein Stück Banane, Melone oder Apfel etc. zum Selbstessen als Fingerfood – warum nicht! Hauptsache, Eltern und Kind sind damit zufrieden! Jede Familie sucht und findet ihren eigenen Weg.

# Alle Füße unter einen Tisch!

Kinder sind neugierig und lernen ganz viel durch Nachahmen, deswegen bietet es sich an, dass Sie auch essen, wenn das Baby isst, bzw. alle gemeinsam am Familientisch essen, so kann sich Ihr Kind von Ihnen etwas abschauen. Je nach Alter wird Ihr Kind sich auch am Gespräch mitbeteiligen wollen, genau beobachten, wie so eine Mahlzeit verläuft, was die anderen so machen, und ist im sozialen Familien-Miteinander mit dabei.

Beim Brei ist es zwar ähnlich, je nach steigendem Esstempo des Kindes ist es für die fütternde Person allerdings nicht mehr möglich, nebenher stressfrei und einhändig selbst zu essen. Das heißt: Im besten Fall isst die Familie, das Kind wird gefüttert, die fütternde Person isst … nachher … alleine … das mittlerweile kalte Essen. Oder das Kind wird ohne Familienanhang von einer Person gefüttert, hat keinen »Mit-Esser« und die ganze Konzentration ist auf das essende Kind gerichtet – auch das kann unangenehm sein.

Klar, beim Fingerfood muss ab und zu jemand aufstehen, um heruntergeworfene Stücke wieder ins Spiel zu bringen – es sei denn, Sie haben genug Nachschub gekocht (siehe S. 140).

Das Praktische am Fingerfood soll sein, dass Ihr Kind nach kurzer Zeit einfach bei Ihnen mitessen kann, ohne dass Sie groß extra kochen und pürieren oder Gläschen kaufen müssen. Salzen Sie einfach Ihr eigenes Essen erst nach dem Kochen, und Ihr Kind kann mitessen! (Mehr zum Thema Salzen: siehe S. 114 ff.)

# Wichtige Grundlagen

Ein paar Dinge sind beim Thema Selbstessen besonders wichtig und müssen immer beachtet werden:

○ Ihr Kind muss unbedingt und immer aufrecht sitzen! Eine Autoschale, Babywippe oder Ähnliches ist nicht geeignet! Es muss die Möglichkeit haben, die Nahrung bei Bedarf wieder gut und schnell aus dem Mund herausschieben zu können – das gilt übrigens für feste Nahrung und Brei gleichermaßen (siehe S. 46).

28
29

○ Lassen Sie Ihr Kind mit dem Essen nie alleine.

○ Schieben Sie Ihrem Kind auf keinen Fall das Essen in den Mund. Das könnte den Würgereiz auslösen (mehr dazu auf S. 45 ff.). Beim Fingerfood greift das Kind selbst nach dem Essen und führt es auch selbstständig zum Mund. Kinder essen vom angebotenen Essen das, was sie selbst aussuchen, in dem Tempo, das ihnen angenehm ist, und nur so viel sie wollen. Dadurch kann möglicherweise späterem Übergewicht vorgebeugt werden, wie eine Vergleichsstudie von Ellen Townsend und Nicola J. Pitchford mit 92 »Fingerfood-Kindern« und 63 löffelgefütterten Kindern aus dem Jahr 2012 zeigt.[2]

○ Bitte zwingen oder überreden Sie Ihr Kind niemals zum Essen, und setzen Sie es nicht zur Belohnung oder Bestrafung ein (á la

Die drei obersten Beikostregeln:
Das Kind muss immer und unbedingt aufrecht sitzen, wenn es selbst isst (oder gefüttert wird)! Lassen Sie es nie mit dem Essen alleine! Schieben Sie ihm kein Essen in den Mund!

»Erst wenn du den Teller leer gegessen hast, darfst du …«)! Eltern sind häufig irritiert, wie wenig ihr Kind isst, wenn es die Menge selber bestimmen kann. Jedes Kind wird nur so viel essen, wie es braucht, um seinen Bedarf zu decken. So wie beim Stillen nach Bedarf kann und sollte man dem Kind zutrauen, dass es sich selbst auch bei »unserem« Essen um die Befriedigung seines Hungergefühls gut kümmern kann. Mit voller Konzentration auf die Mahlzeit am Familientisch, ohne Ablenkung durch Spielzeug oder gar den Fernseher und ohne den »Löffel für die Oma«, können Kinder ganz auf ihren Körper hören und ihr Sättigungsgefühl wahrnehmen.

Bedenken Sie, dass Kauen- und Essenlernen ganz normale Entwicklungsprozesse sind; die jeweilige Fähigkeit und das Interesse daran werden also ganz von selbst kommen. Für jeden Entwicklungsschritt gibt es ein »Zeitfenster«. Erinnern Sie sich z.B. daran, wie Ihr Kind begonnen hat, nach Gegenständen zu greifen. Irgendwann im 3. oder 4. Monat ging es los damit, einfach so, ohne dass Sie es zuvor stundenlang mit Ihrem Kind geübt hätten.

Genauso ist es mit dem Essen: Wenn der passende Zeitpunkt gekommen ist (Sie erinnern sich: Ihr Kind braucht beim Sitzen nur noch wenig Unterstützung, zeigt großes Interesse an Ihrem Essen, und der Zungenstoßreflex ist verschwunden), bieten Sie Ihrem Kind in aufrechter Position Nahrungsmittel an, und Woche für Woche oder teilweise sogar Tag für Tag werden Sie bemerken, wie es Fortschritte macht und sich das notwendige Verständnis für den überaus spannenden Vorgang »Ernährung« auf seine individuelle Weise erschließt. Das »Zeitfenster« ist dabei, wie schon erwähnt, recht groß: Manche Kinder sind schon mit 6 oder 7 Monaten so weit, manche eben erst mit 11 – oder noch später. Jedes Kind entwickelt sich in seinem speziellen Tempo!

Wenn Kinder Entwicklungsschübe haben, zahnen oder krank sind, kommt es oft vor, dass sie eine Zeit lang wieder kein Interesse am Essen haben, egal ob sie nun Fingerfood oder Brei anbieten. Es wird tatsächlich immer wieder Phasen geben, in denen es scheinbar keine Fortschritte bzw. nur Rückschritte oder zumindest Stillstand gibt in Sachen Essenlernen. Bleiben Sie entspannt, denn auch diese Phasen gehen vorbei und durch die Muttermilch oder Formulanahrung ist Ihr Kind sowieso weiterhin mit allen notwendigen Nährstoffen gut versorgt! Das Wichtigste bleibt, dass Sie Ihrem Kind Spaß und Freude am Essen vermitteln!

Immer gemeinsam:
Bitte lassen Sie Ihr Kind nicht unbeaufsichtigt mit dem Essen und beachten Sie immer, dass es sich selbst das Essen vom Tisch nimmt und auch selbst in den Mund steckt! So kann Ihr Kind gut dosieren, wie weit der Brokkoli in den Mund hinein- soll – und falls er gerade nicht schmeckt, kann Ihr Kind ihn schnell wieder rausziehen oder mit der Zunge hinausschieben.

## Wann gibt man nun was … und in welcher Reihenfolge bitte?

Zu welchen Ihrer Mahlzeiten Sie dem Nachwuchs das Selbstessen offerieren, ist egal. Machen Sie es so, dass es Ihnen und Ihrem Kleinen gut in den Tagesablauf passt. Je öfter Sie Ihrem Kind »Fingerfood« anbieten, desto häufiger kann es üben – das bedeutet: Es gibt keine Beschränkung auf so-und-so-oft am Tag und keine empfohlene Mahlzeit, mit der begonnen werden sollte. Das soll jetzt nicht bedeuten, dass Sie Ihrem Kind unendlich viele Zwischenmahlzeiten zum Üben anbieten sollen. Aber immer wenn Sie selber essen, bekommt Ihr Kind auch etwas angeboten.

Sie können eine kleine Auswahl von zwei bis vier verschiedenen Nahrungsmitteln anbieten, durchaus auch jene, die Sie selbst nicht mögen, Geschmäcker sind ja verschieden! Es gibt auch keine vorgeschriebene Reihenfolge von Nahrungsmitteln. Sie können Ihrem Kind von Anfang an gegartes oder rohes Gemüse, Obst, Brotkanten kredenzen, aber auch schon Fleisch und Fisch (bitte beides nicht roh, und den Fisch bitte unbedingt auf Gräten kontrollieren!) – je nach Appetit und Tempo. Manche Kinder fangen sogar mit einem Stück Steak an! Einige sind neugierig und experimentierfreudig und wollen schnell alles durchkosten, andere wollen es langsam angehen lassen (ist ja auch alles neu und fremd) und brauchen anfangs nicht so viel Geschmacksvielfalt. Achten Sie einfach darauf, was Ihr Baby will!

Überlegen Sie einmal, wie es mit dem Geschmack bei Ihnen war. Seit wann mögen Sie Kapern, Rosenkohl oder Blauschimmelkäse? Wie oft hat es Ihnen nicht geschmeckt und dann plötzlich sind Sie auf den Geschmack gekommen? So ist es auch bei den Kleinen. Kinder brauchen häufig das Angebot erst mal »abgelehnter« Nahrung: »Kinder essen also bestimmte Nahrungsmittel nicht deshalb, weil sie ihnen schmecken, sondern sie schmecken ihnen, weil sie immer wieder davon essen!«, schreibt der Kinderarzt Dr. med. Herbert Renz-Polster dazu in seinem Buch **Kinder verstehen**.[3] Kinder brauchen manchmal tatsächlich zehn bis 15 Anläufe, um ein Nahrungsmittel »gut« zu finden.

Und natürlich gilt fürs Fingerfood genauso wie für den Brei: Bitte achten Sie darauf, dass das Essen die richtige Temperatur hat – nicht dass Ihr Kind sich verbrennt, z. B. wenn es Ihnen etwas vom Teller schnappt. Und: Vor dem Essen das Händewaschen nicht vergessen!

Interessant zu wissen: Durch das Fruchtwasser haben die Kinder schon verschiedene Geschmäcker kennengelernt, es schmeckt je nachdem, was die Mutter gegessen hat, immer ein wenig anders. Genauso ist es auch mit der Muttermilch. Dadurch kennen Babys schon von Anfang an verschiedene Geschmäcker, sie können sie sogar später, wenn es mit der Beikost losgeht, aus der Zeit in der Gebärmutter oder Stillzeit wiedererkennen.[4]

# Besondere Gelüste und Vorlieben

Kinder haben manchmal besondere Vorlieben, tagelang essen sie immer nur das Gleiche und drehen fast durch, wenn sie was anderes probieren sollen. Eltern machen sich dann schnell Gedanken, aber keine Sorge: Das ist normal!

Kinder (und Schwangere manchmal auch!) wissen scheinbar instinktiv, welche (gesunde) Nahrung sie gerade in einer bestimmten Phase brauchen: z. B. Kohlenhydrate (Nudeln, Brot usw.) sowie Eiweiße in Wachstumsphasen, Früchte (Vitamin C) während oder nach einer Erkrankung. Deshalb ist es wichtig, auf die verschiedenen Mahlzeiten verteilt eine kleine abwechslungsreiche Auswahl an nährstoffreichen Nahrungsmitteln wie z. B. Obst, Gemüse, Getreide (Flocken, Brot, …), Hülsenfrüchte, Fleisch, Fisch usw. anzubieten, damit sich das Kind »das Richtige« nehmen kann. Am einfachsten eben: beim eigenen Essen mitessen lassen.

Keine Angst vor Mangelerscheinungen, wenn ein Kind ein paar Tage lang das Gleiche isst. Durch die Muttermilch oder Formulanahrung ist es nach wie vor mit allen wichtigen Nährstoffen gut versorgt. Oft will es genau dieses eine Heißgeliebte von einem Tag auf den anderen lange Zeit nicht mehr essen.

Eine oft zitierte Studie der amerikanischen Kinderärztin Clara Davis aus den 1930-ern soll hier noch kurze Erwähnung finden. Sie zeigt, dass Kinder scheinbar ganz gut wissen, welche Nahrung und wie viel davon am besten für sie ist.[5]

In einem Untersuchungszeitraum von 6 Jahren durften 15 Kinder essen, was sie sich selbst ausgewählt hatten. Sie waren beim Einschluss in die Studie zwischen 6 und 11 Monate alt und hatten davor noch keinen Kontakt zu »Nahrung, die für Erwachsene üblich ist«. 13 der 15 Kinder wurden über einen Zeitraum von 1–4,5 Jahren, keines kürzer als 6 Monate untersucht.

Sie konnten aus einem reichhaltigen Angebot von 34 Nahrungsmitteln wählen, natürlich nicht alle 34 auf einmal, sondern aufgeteilt auf drei bis vier Mahlzeiten pro Tag (je nach Alter des Kindes).

Jedes Kind bekam in separaten Schüsseln u. a. Wasser, Milch, Sauermilch, Äpfel, Bananen, Orangensaft, frische Ananas, Pfirsiche, Tomaten, Rote Bete, Karotten, Erbsen, Blumenkohl, Kohl, Spinat, Kartoffeln, Salat, Rindfleisch, Lammfleisch, Knochenmark, Gelatine, Haferflocken, Hühnerfleisch, Kalbsbries, Hirn, Leber, Nieren und Schellfisch angeboten. Die Nahrungsmittel waren ohne Zucker, Salz und Würzmittel zubereitet und klein geschnitten oder püriert.

Das meiste wurde gegart, aber Äpfel, Kohl, Weizen, Haferflocken, Erbsen, Karotten, Eier, Knochenmark und Rindfleisch standen auch ungekocht zur Auswahl. Brot, Saucen, Suppen, Milchprodukte wie Sahne, Käse und Butter wurden nicht angeboten.

Die Kinder bedienten sich entweder selbst oder ließen sich das Essen, das sie »per Fingerzeig« gewählt hatten, von der Betreuungsperson mit dem Löffel füttern. Diese durfte die Wahl des Kindes nicht kommentieren oder in eine Richtung beeinflussend wirken.

Um zu wissen, wie viel jedes der Kinder gegessen hatte, wurden die Schüsseln vor und nach dem Essen abgewogen.

Die Kinder hatten alle einen herzhaften Appetit und gediehen gut, auch vier Kinder, die vor dem Einstieg in die Studie unterernährt waren. Ein Junge mit Rachitis konnte zu den Mahlzeiten zusätzlich auch noch Lebertran wählen – tatsächlich nahm er davon, unregelmäßig und in unterschiedlichen Mengen, bis seine Blutwerte und die Röntgenaufnahmen keine Auffälligkeiten mehr zeigten. Danach hatte er keine Lust mehr darauf. Interessant: Vier weitere Kinder mit Rachitis aßen die normal angebotene Schüssel-Kost ohne Lebertran und wiesen in ähnlicher Zeit das gleiche gute Resultat auf.

Die regelmäßigen Untersuchungen (Urin, Blut, Röntgen) der 15 Kinder zeigten, dass sie alle es schafften, sich gut zu ernähren, obwohl sie völlig unterschiedliche Nahrungsvorlieben hatten.

Nach ungefähr 36.000 Mahlzeiten ließ sich zusammenfassend sagen: Eier, Leber und Nieren wurden reichlich gegessen, Milch und Getreideflocken – entgegen der damaligen (und heutigen) Empfehlung – recht wenig. Die Kinder aßen jedoch erstaunlich große Mengen an frischen Früchten.

Alle 34 Lebensmittel wurden gekostet, mit Ausnahme von Salat, er wurde nur von zwei Kindern probiert, Spinat sogar nur von einem.

Die Kinder hatten teilweise sehr abenteuerliche Nahrungskombinationen: Ein Kind frühstückte fast einen halben Liter Orangensaft und dazu Leber, ein anderes wählte fürs Abendessen mehrere Eier, Bananen und Milch.

# Mutti-Notiz

Ich kann von meiner »Endverbraucherseite« aus das Studienergebnis nur bestätigen: Karline wählte und wählt auch heute noch über lange Strecken »Lieblingslebensmittel« aus – mit ca. anderthalb Jahren gab es einmal einen Zeitraum von fast einer Woche, in der sie eigentlich nur Bananen aß, kurz darauf waren diese vollkommen ungewünscht, und es galt nur noch, Kohlenhydrate bereitzustellen, alles andere wurde hartnäckig ignoriert. Genau so lange, bis ich gerade anfing, mir Sorgen zu machen, dass sie zu wenig Vitamine und Mineralien zu sich nähme. Dann wechselte sie abrupt zu rauen Mengen grünen Gemüses!

Andererseits bin ich durch meine Erlebnisse mit meiner kleinen »Einzelprobandin« auch zum großen Befürworter der »Wiedervorlage-Regel« von Dr. Renz-Polster (siehe S. 31 f.) geworden: Manche Speisen fanden, zehnmal angeboten, zehnmal keine Beachtung – wurden mir aber beim elften Mal förmlich aus der Hand gerissen!

Irgendwie hatte ich das Gefühl, dass sich das Geschmacksempfinden ähnlich wie die auditive Wahrnehmung trainieren oder vielmehr programmieren lässt – einem neuen Lied im Radio kann man oft beim ersten Hören noch überhaupt nichts abgewinnen, beim zweiten Mal schleicht es sich schon tiefer in die Gehörwindungen, ab dem dritten Mal freut man sich, es zu hören, und ein paar Tage später wird es auf einmal zum Ohrwurm.

Von einer Art der Präsentation sah ich allerdings recht schnell ab: Dinge, die ich euphorisch »anpries«, fanden – boshaft interpretiert – aus Prinzip überhaupt keinen Anklang! Also ging ich eher dazu über, tiefzustapeln – bis heute. Gibt es Speisen, bei denen ich mir intensiv wünsche, dass Karline Interesse dafür entwickelt – sei es aus gesundheitlichen oder persönlichen Gründen –, so habe ich nur die eine Chance: Ich simuliere Gleichgültigkeit, rede entweder überhaupt nicht über das neue Nahrungsmittel am Tisch oder gebe sogar vor, es vorzugsweise allein verzehren zu wollen … (Falls Du das eines Tages liest, mein Mädchen, nimm mir meine strategische Vorgehensweise bitte nicht allzu übel – ich hab es **nur gut** gemeint …)

# Was ist im ersten Jahr zu vermeiden?

Auf folgende Lebensmittel sollte im ersten Jahr verzichtet werden:

- Honig und Ahornsirup (Botulismusgefahr: Die möglicherweise im Honig oder Ahornsirup enthaltenen Sporen des Botulinumbakteriums können zu einer Vergiftung führen = Botulismus.)
- unzerkleinerte Erbsen, Bohnen, Samen, Nüsse, kleine Beeren (Verschluckungs- und Aspirationsgefahr)
- rohe Eier, roher Fisch, rohes Fleisch (Salmonellengefahr)
- Rohmilch (kann Bakterien enthalten)
- Salat (kann am Gaumen kleben bleiben)
- Fisch mit Gräten – bitte unbedingt die Gräten entfernen, bevor er angeboten wird!
- Salz, salzhaltige Nahrungsmittel wie z.B. Wurst, Speck, geräucherter Fisch und Fleisch etc. (zu viel Salz kann die Nieren belasten), Soja-Sauce. Das Kochwasser für Nudeln darf aber getrost gesalzen werden!
- Zucker, zuckerhaltige Lebensmittel (wie z.B. Schokolade, Bonbons, Eis, Fruchtjoghurt – Inhaltsstoffe genau durchlesen!), gesüßte und ungesüßte Säfte, Limonaden
- Zuckerzusätze (Glucose, Maltodextrin, Maltose, Fructose, Dextrose, Saccerose, Sirupe und Dicksäfte)
- fettreduzierte Lebensmittel
- koffein- und teeinhaltige Getränke
- alkoholhaltige Getränke oder Speisen

- aromatisierte Nahrungsmittel
- Lebensmittelzusatzstoffe (wie z. B. Konservierungsstoffe, Stabilisatoren, Geschmacksverstärker) mit der Kennzeichnung »E«
- Im 2. Lebens-Halbjahr sollen Babys Quark und Joghurt lieber gar nicht oder nur in kleinen Mengen bekommen, da zu viel Kuhmilcheiweiß belastend für die Nieren sein kann. Bis zu 200 ml Kuhmilch am Tag sind in Ordnung, aber bitte nicht als Getränk, sondern besser im Getreidebrei.

Zudem konnte in der seit 1985 laufenden DONALD Studie nachgewiesen werden, dass Kinder im Alter von 7 Jahren einen höheren BMI (Body-Mass-Index) haben, wenn sie mit einem Jahr viel Eiweiß zu sich genommen haben. Es gibt also scheinbar einen Zusammenhang zwischen erhöhter Eiweißaufnahme im frühen Kleinkindalter und erhöhtem Risiko für Übergewicht im Schulkindalter und danach.[6]

Da Kinder auch andere eiweißhaltige Nahrungsmittel essen (z. B. Fleisch, Fisch, Gemüse), ist es sinnvoll, die angebotenen Kuhmilchprodukte und ihren Eiweißgehalt im Blick zu behalten.

| Vergleich Eiweißgehalt | |
| --- | --- |
| (Der essbare Anteil von 100 g verzehrfertigem Lebensmittel enthält)[7] | |
| Muttermilch | 1 g |
| Kuhmilch (3,5 % Fett) | 3 g |
| Pre- / 1er-Formulamilch | 1,4 g[8] |
| Joghurt (1,5 % Fett) | 4 g |
| Joghurt (3,5 % Fett) | 4 g |
| Quark 20 % Fett i. Tr. | 12 g |
| Quark 40 % Fett i. Tr. | 11 g |
| Magerquark | 13 g |

# Mutti-Notiz

Da mir die maximal empfohlene Kuhmilch-Menge im 2. Lebens-Halbjahr sehr bewusst war (200 ml), habe ich, nachdem Karline über den Tag hinweg bereits gar keinen Stillappetit mehr hatte, ihr ab und zu schon ein wenig Milch im Müsli oder auch ein bisschen Naturjoghurt angeboten, in homöopathischen Dosen sozusagen.

Wichtig finde ich nur: Alle gezuckerten Joghurt- und Quark-Darreichungen dürfen im Speiseplan nicht stattfinden! Auch nicht solche, die energisch den Eindruck vermitteln, sie seien für kleine Kinder gemacht. (Gerade bei solchen sollten Sie misstrauisch sein!!!) Angebliche »Obst«-Dessert-Minis sind nicht viel mehr als mit Zucker versetzte synthetische Aroma-Mischungen in Frischkäsezubereitung und haben in Babys Speiseauswahl nichts verloren!

# Baby isst und lernt ganz nebenbei

## Konsistenzen, Beschaffenheiten und Geschmäcker

Beim Essen tun sich für Ihren Nachwuchs ganz neue und spannende Welten auf. Da ist z. B. dieses interessante, leicht gekrümmte Ding in gelber Schale, die Mama so virtuos entfernt, der Inhalt ist von hellerem Gelb, riecht irgendwie gut, fühlt sich ganz matschig an und flutscht einem leicht aus den Händen. Seltsam. Wenn man es in den Mund nimmt, dann kann man es einfach zerdrücken und – ach was! – es hat einen durchaus angenehmen Geschmack!

Ihr Kind wird durch die von Ihnen angebotenen Nahrungsstücke verschiedene Konsistenzen kennenlernen: die gerade bemühte Banane, Melone, Brot, Nudeln, Fleisch als Boulette / am Stück, Reiswaffel, Avocado usw. Brei dagegen hat immer eine ähnliche Konsistenz, am Anfang sehr homogen, später ein wenig stückig. Oft sind mehrere Nahrungsmittel gleichzeitig in einem Brei – beim Fingerfood kann das Kind jedes Nahrungsmittel einzeln kennen- und schmecken lernen, und wenn es eine vielfältige Mahlzeit z. B. aus Falafel, Hummus, Karotte, Gurke und Brot bekommt, kann es sich seinen Geschmack selbst zusammenstellen.

Kinder können bald schon Essen am Aussehen erkennen und merken sich, was ihnen geschmeckt hat, was eklig war, wie die flutschige Banane am besten zu greifen und im Mund zu zermatschen ist, wie es mit einem Stück Fleisch klappt und wie die verrückte Kombination Blumenkohl-Apfel eigentlich schmeckt.

## Koordination

So ganz nebenbei trainiert Ihr Kind bei jedem Selbstessen auch die Bewegungsabläufe und die Auge-Hand-Mundkoordination (ein Gegenstand wird mit den Augen wahrgenommen, die Hände werden dorthin bewegt, greifen zu und bringen den Gegenstand zum Mund). Auch sonst wird natürlich trainiert, bei jedem Griff nach einem Gegenstand, der dann vielleicht zum Mund geführt und dort mehr oder weniger intensiv eingespeichelt wird.

Hierbei werden Sie eine Entwicklung bemerken: Anfangs besteht beim Essen noch die Schwierigkeit, das Stück Nahrung überhaupt zu erwischen und danach zu greifen, die Hand richtig zum Mund zu halten, um das, was rausschaut, in den Mund zu bekommen. Dann (mit ca. 8 Monaten) kann das Kind meist schon nach etwas kleineren Stückchen greifen, diese in der Faust halten, zum Mund bringen, am Mund die Faust öffnen und das Essen in den Mund hineinschieben.

Mit ca. 9 Monaten gelingt bereits der Pinzettengriff. Mit Daumen und Zeigefinger können Kinder nun nach kleinen Stückchen greifen, z. B. Reis oder Brotkrümel. Sie können nun auch schon viel besser kauen und mit kleinen Stückchen im Mund umgehen.

Wenn Sie ein mulmiges Gefühl haben, Ihrem Kind – nur weil es jetzt den Pinzettengriff kann – Blaubeeren anzubieten, dann lassen Sie es! Sie sollten sich beim Essen genauso wohl und entspannt fühlen wie Ihr Kind. Der richtige Zeitpunkt für alle Beteiligten wird irgendwann kommen.

## Kauen und Schlucken

Erst wenn der Zungenstoßreflex, mit dem das Kind automatisch alles aus dem Mund herausschiebt, verschwunden ist, beginnen die Kinder Kaubewegungen zu machen.

Indem sie mit der Zeit das Essen mit ihren Zahnleisten zermalmen und mithilfe der Zunge im Mund herumschieben, üben sie die Kaubewegung (Kauen ist wichtig für die Verdauung) und trainieren damit auch Teile der Gesichtsmuskulatur, die für die Sprachentwicklung notwendig sind (Zungen-, Lippen-, Kiefer-, Wangenmuskulatur). Ob sie dann den Speisebrei ausspucken (auf die aufrechte Position achten!) oder ihn schon nach hinten befördern und schlucken können, hängt von der Entwicklung ab, aber auch vom Geschmack: Schmeckt es nicht, oder sind Geschmack oder Konsistenz noch unbekannt, wird die Nahrung lieber aus dem Mund geschoben.

Der gesamte Kau- und Schluckvorgang ist dabei komplexer, als man zuerst annehmen mag. Schauen wir einmal genau an, was eigentlich im Mund alles passieren muss, bevor geschluckt wird:

Die Zunge bewegt die Nahrung im Mund, sodass sie gut durchgekaut wird und durch die Vermischung mit Speichel die zum Herunterschlucken ideale flutschige Konsistenz bekommt. Beim Kauen wird die Nahrung mithilfe von Zunge und Wangen zwischen die Kauleisten bzw. Zähne geschoben. Dafür ist die seitliche Bewegung der Zunge notwendig.

Zum Schlucken wird der Speisebrei in den Rachen geschoben, das weiche Gaumensegel verschließt den Zugang zur Nase, der Kehldeckel legt sich auf die Luftröhre und das Essen gelangt in die dahinterliegende Speiseröhre. (Das Schlucken von Flüssigkeiten funktioniert übrigens genauso.)

Durch das im Speichel enthaltene Enzym Ptyalin werden stärkehaltige Nahrungsmittel schon im Mund »vorverdaut«. Das heißt: Stärke wird in Zucker umgebaut – Sie kennen das, wenn Sie ein Stück Brot lange genug kauen. Wenn Sie sich fragen sollten, warum Ihr Kind scheinbar stundenlang das Stück Karotte/Nudel/Brot im Mund herumschiebt, zermatscht, zermalmt und einspeichelt, bevor es ausgespuckt oder geschluckt wird: Es hat einfach Spaß daran und übt eher ganz nebenbei. Zudem hilft der lange Kontakt zwischen Nahrung und Speichel eben bei der Verdauung von stärkehaltigen Nahrungsmitteln.

Püriertes ist dabei natürlich einfacher zu verdauen als Stückiges, landet jedoch meistens vom Löffel hineintransportiert direkt im hinteren Mundbereich und wird recht schnell geschluckt, sodass der Kontakt zum Speichel eher kurz ausfällt.

Aber noch mal zurück zur Zunge! Die Fähigkeit des Kindes, etwas mit der Zunge im Mund hin- und herzuschieben (seitliche Bewegung), ist ein Entwicklungsprozess, der häufig mit der Fähigkeit des Kindes zusammenfällt, sich vom Rücken auf den Bauch zu drehen (siehe S. 22 f.). Vom Bauch auf den Rücken geht es häufig erst einen Monat später.

Breiessen ist auch ohne seitliche Bewegung der Zunge möglich, denn der Brei landet ja, wie schon gesagt, eher weit hinten auf der Zunge. Beim Fingerfood ist diese Bewegung jedoch sehr vorteilhaft!

Wenn Sie wissen, wie komplex die ganzen Abläufe sind, die zum Kauen und Schlucken dazugehören, sind Sie vielleicht auch nicht so enttäuscht, wenn Ihr Kind das liebevoll zurechtgeschnitzte Essen wieder »ausspuckt«. Das ist normal. Es braucht diese erste Zeit, um zu üben und zu lernen, wie es ein Stück »abbeißt«, im Mund herumschiebt, mit Gaumen, Zunge und Kiefer zerkleinert und mit der Zunge wieder herausbefördert. (Noch mal: Dazu muss es aufrecht sitzen!) Eines Tages wird es dann den zermalmten Speisebrei mit der Zunge nach hinten schieben und schlucken! Das klappt aber erst, wenn die Kaumuskeln und die Zunge gut zusammenarbeiten.

All das sind Entwicklungsschritte – erst mal greifen, dann zum Mund führen, dann zerkleinern und kauen, das Gekaute mit der Zunge nach hinten schieben, dann schlucken. Beobachten Sie mal, was Sie alles mit der Zunge beim Essen machen können: Das Essen von einer zur anderen Seite schieben, den Olivenkern rausfummeln und ausspucken, eine Gräte nach vorne bringen, zwischen den Zähnen herumpulen usw. Das Meiste davon können Kinder erst nach Jahren – so kompliziert ist es!

# Hilfe, kann mein Kind dabei nicht ersticken?

## Der Würgereflex

Wenn Ihr Kind das Essen unzerkaut schlucken sollte, ist das nicht schlimm – Sie werden es dann vielleicht in Originalgröße in seiner Windel wiederfinden. Allerdings kann es für Ihr Kind schwer sein, das überhaupt hinzubekommen, denn das Essen muss erst mal den Würgereflexpunkt auf der Zunge passieren.

Im 1. Lebensjahr wird der Würgereflex bei Kindern sehr weit vorne auf der Zunge ausgelöst, das bedeutet, dass das Stückchen Essen, das den Reflex verursacht hat, noch sehr weit von der Luftröhre entfernt ist. (Diesen Reflex löst Ihr Kind wahrscheinlich auch immer wieder mal beim Spielen aus, wenn es sich sein Spielzeug oder den eigenen Finger ein wenig zu tief in den Mund steckt.)

Kinder drücken beim Würgen die Zunge Richtung Lippen, dadurch gelangt das Stückchen schnell nach vorne und kann »herausfallen« oder herausgeschoben werden – vorausgesetzt, das Kind sitzt aufrecht! Manchmal müssen sich die Kinder dabei auch ein wenig übergeben. Das Würgen sieht schlimm aus, aber sobald das Stück aus dem Mund heraus ist, greifen sie schon nach dem nächsten, als wäre nichts gewesen. Je geschickter das Kind mit den Essensstückchen im Mund umge-

Sie sind ja immer mit dabei, wenn Ihr Baby isst, und können jederzeit »eingreifen« und: Man kann davon ausgehen, dass gesunde Kinder einen guten Würge- und Hustenreflex haben!

hen kann, desto weniger wird der Würgereflex ausgelöst. Würgen und »Verschlucken« kann übrigens bei Brei genauso passieren wie bei Fingerfood.

## Rückenklopfmethode und Heimlich-Manöver

Der Würgereflex ist also ein wichtiger Schutzreflex. Sein Auslösepunkt »verschiebt« sich um den 1. Geburtstag herum weiter nach hinten. (Bei Erwachsenen liegt er dann schließlich sehr weit hinten auf der Zunge.) Wenn also ein Kind würgt, dann nicht deswegen, weil das Essen schon fast in der Luftröhre ist.

46
47

Sollte doch mal ein Stück teilweise in die Luftröhre gelangt sein, wird das Kind husten, bis die Luftröhre wieder frei ist – das ist wie bei Erwachsenen.

Für den äußerst seltenen Fall, dass ein Stück tatsächlich so in die Luftröhre gelangt, dass das Kind keine Luft mehr bekommt, sollten sich die Eltern und Betreuungspersonen – egal bei welcher Beikost-Methode, denn Verschlucken kann man sich auch an Murmeln, Spielsteinen etc. – zuvor mit der »Rückenklopfmethode« und dem sogenannten Heimlich-Manöver bei Säuglingen vertraut gemacht haben.

Rückenklopfmethode: Legen Sie Ihr Kind bäuchlings über Ihren Schoß, Oberschenkel, Tisch oder Stuhl. Oberkörper und Kopf hängen nach unten. Klopfen Sie fünfmal mit der flachen Hand beherzt zwischen die Schulterblätter. Haben Sie bitte keine Angst, Ihr Kind zu verletzen, das Stückchen in der Luftröhre braucht einen kräftigen Impuls, um sich zu lösen und dann durch die Schwerkraft in den Mund zu gelangen.

Sollte die Rückenklopfmethode keine Wirkung zeigen (was aber eher die Ausnahme wäre), müssen Sie den Heimlich-Handgriff anwenden.

**Heimlich-Griff für Kinder unter einem Jahr:** Legen Sie Ihr Kind rücklings auf Ihre Oberschenkel, und drücken Sie mehrmals (ca. fünfmal) mit zwei Fingern auf das Brustbein in Höhe der Brustwarzen. Der Druck, den Sie ausüben, muss so fest sein, dass der kindliche Brustkorb um ungefähr ein Drittel seiner Höhe eingedrückt wird. Das Stück in der Luftröhre soll so herausgeschleudert werden.

**Für Kinder über einem Jahr** kann das Heimlich-Manöver auch im Stehen durchgeführt werden: Der Erwachsene »umarmt« das Kind von hinten, legt beide Hände (keine Fäuste!) übereinander auf den Oberbauch und zieht diese mit einem Ruck fünfmal zu sich.

Sollte auch das keinen Erfolg bringen, wenden Sie wieder die Rückenklopfmethode an und rufen den Notarzt, wenn er nicht schon von einer anderen Person angefordert worden ist.

Verletzungen sind sowohl bei der Rückenklopfmethode als auch bei dem Heimlich-Handgriff sehr selten, da der Brustkorb durch die Knorpelverbindungen und die weichen Knochen sehr elastisch ist. Treten im Anschluss jedoch Bauchschmerzen auf, sollten Sie diese umgehend medizinisch abklären.

Generell empfiehlt sich für Eltern ein Erste-Hilfe-Kurs für Babys und Kleinkinder, der nicht nur zum Thema Essen Sicherheit schafft.

# Mutti-Notiz

Hierzu eine kurze und abschließende Meinungsäußerung der Mutti.

Ich bin wirklich alles andere als impulsiv und handle sehr selten unüberlegt. Daher war diese Thematik für mich im Vorfeld sehr schnell von großer Bedeutung, und ich kann gut verstehen, wenn konkrete Gedanken darüber für Sie eine echte Barriere darstellen.

In meinem Fall habe ich mich zur Wahrung der innerlichen Ruhe und Ordnung nicht nur sehr intensiv mit Evas Erklärungen auseinandergesetzt, sondern auch tatsächlich einen Erste-Hilfe-Kurs belegt, den ich Ihnen sehr ans Herz legen kann. Falls Sie zufällig in Berlin oder München leben, empfehle ich Ihnen den wunderbaren Kursleiter Janko von Ribbeck. Unter: **www.erste-hilfe-fuer-kinder.de** erfahren Sie all seine Termine, an denen er Ihnen sinnvolles Fachwissen in Sachen Notfallhilfe vermittelt. Auch sein Buch **Schnelle Hilfe für Kinder**, das, glauben Sie mir bitte, wirklich nur zufällig ebenfalls im Kösel-Verlag erscheint, ist uneingeschränkt zu empfehlen, ich teile da in aller Bescheidenheit die Meinung von Herrn Renz-Polster, der sagt, dies sei »das beste Buch zur Ersten Hilfe bei Kindern«. (Und ich habe es – wohlgemerkt – angeschafft, lange bevor ich für den Kösel-Verlag tätig wurde!)

Nachdem mir also physiologisch betrachtet klar war, dass grundsätzlich keinerlei Bedenken bestehen (ich sage bewusst grundsätzlich, weil niemand jemals das Risiko ausschließen kann, sich zu verschlucken, auch kleine Breiesser nicht und wir Erwachsenen schon gar nicht), fühlte ich mich zwar schon theoretisch bestens aufgestellt, aber nach einem Wochenendkurs bei Herrn von Ribbeck dann schlussendlich erst wirklich final präpariert fürs Fingerfood-Abenteuer.

Recht am Anfang unserer experimentellen Phase passierte es einige Male, dass sich unser Mädchen ob der etwas zu reichhaltig geratenen Mundbefüllung erschrak. Ein paar Mal nur machte ich ihr vor, wie sie sich derselbigen entledigen könne, verbunden mit der – wichtig, übrigens! – ruhig vorgebrachten Empfehlung: »Wenn's zu viel ist, dann spuck's aus!« (Vermitteln Sie Sorge oder gar Panik, wird's für Ihr Kind erst richtig gruselig. Solange Sie selbst ruhig wirken, gibt es weniger Anlass, sich ernstlich aufzuregen!)

Kurze Zeit später war ihr nicht nur die spontane Mundentleerungsweise sehr geläufig, sondern auch das Kommando: »Wenntuvieh – putt aus! Putt aus!!«, hörte ich sie leise, aber engagiert zu einem Stoffbären sagen, während sie ihm dabei eine Hand unter den Mund hielt!

Die Sache mit dem Würgen ist allerdings tatsächlich etwas gewöhnungsbedürftig. Bei den ersten Vorkommnissen waren wir schon fast drauf und dran, zum Heimlich-Manöver aufzuspringen. Recht schnell aber stellten wir dann fest, dass sie offensichtlich einfach ausprobierte, was genau bei zu viel Essen im Mund passierte.

Nach dem jeweiligen Würge-Test schob sie sich ungerührt das nächste Stück – ehrlich gesagt oft sogar dasselbe wieder! – in den Mund und kaute fröhlich weiter. Wahrscheinlich wunderte sie sich sogar, warum wir so besorgt guckten.

Wirklich verschluckt hat sich Karline eher an einem zu großen Schluck Wasser oder wenn sie einen Löffel Suppe zu schwungvoll inhalierte.

Allerdings will ich auch nicht unerwähnt lassen, dass ich im Freundeskreis durchaus schon von ernsthaften Luftröhre-Blockaden mit rettendem Heimlich-Manöver oder beherztem mütterlichem Rachengriff gehört habe. Wenn ich's mir recht überlege, waren das aber meist etwas ältere Kinder und sogar durchaus auch breigefütterte »Exemplare«.

Es läuft mir bei möglichen Konsequenzen ein kalter Schauer über den Rücken, daher an dieser Stelle noch einmal, man kann es gar nicht oft genug sagen, auch von mir die dringende Bitte:

Achten Sie darauf, dass Ihr Kind **immer** aufrecht sitzt und zu keinem Zeitpunkt mit dem angebotenen Essen alleine ist!

Seien Sie nicht ängstlich (überträgt sich aufs Kind und dauerndes übergriffiges Mundraum-Entleeren ist sicherlich keine allzu angenehme Erfahrung!), aber aufmerksam und bieten Sie nichts an, was die Luftröhre blockieren könnte, also keine Nüsse o. Ä. (siehe S. 38).

# Wie verhält sich's denn nun mit den Allergien? Und deren potenzieller Vermeidung?

## Alles Gesunde ist erlaubt!

So könnte man die aktuellen Empfehlungen von 2009 bezüglich der Allergievorbeugung und dem Zeitpunkt, welche Nahrung ab wann gegeben werden darf, kurz zusammenfassen. Klingt doch wirklich gut, oder? Werden wir trotzdem etwas ausführlicher …

Über lange Zeit galt die Empfehlung, 6 Monate ausschließlich zu stillen bzw. das Fläschchen zu geben und anschließend ab Beginn des 7. Monats Beikost anzubieten.

Das Kind bekam einmal am Tag eine Woche lang den gleichen Obst- oder Gemüsebrei (die restlichen Mahlzeiten wurde natürlich gestillt oder Ersatzmilch gegeben). Wurde der Brei gut vertragen, konnte in der nächsten Woche eine neue Sorte ausprobiert werden. Mit den Wochen wurde so der Speiseplan um Obst, Gemüse, Öl, Fleisch, Getreide usw. erweitert. Monat für Monat sollte eine Still- oder Flaschenmahlzeit durch eine Breimahlzeit ersetzt werden.

Nahrungsmittel, die im Verdacht standen, Allergien auslösen zu können (wie z. B. Eier, Zitrusfrüchte, glutenhaltiges Getreide, Fisch), sollten erst möglichst spät – also um den 1. Geburtstag herum – angeboten werden. Diese langsame und vorsichtige Beikosteinführung und die anfängliche Meidung von möglichen allergieauslösenden Nahrungsmitteln sollte Allergien vorbeugen bzw. das Allergierisiko senken. Trotzdem haben allergische Erkrankungen wie allergisches Asthma, Heuschnupfen und das atopische Ekzem (Neurodermitis) bei Kindern in den letzten Jahren weiter zugenommen.

Was hat sich nun 2009 geändert, was sagen die deutschen Empfehlungen zu Beikost und Allergien?[9]

Studien haben gezeigt, dass die Meidung oder späte Einführung von möglichen allergieauslösenden Lebensmitteln und die Einführung von Beikost erst ab dem 7. Monat keinen Schutz gegen Allergien bieten. Das bedeutet:

○ Mit der Beikost darf schon im 5. Monat begonnen werden, das heißt ab der 17. Lebenswoche, **keinesfalls** früher, denn das kann das Risiko für Allergien und späteres Übergewicht erhöhen.[10]

○ Spätestens zu Beginn des 7. Monats soll Beikost **angeboten** werden. (Ob das Kind die Beikost isst, liegt natürlich beim Kind.) Wichtig ist, dass weiterhin begleitend gestillt wird, solange es Mutter und Kind gefällt und guttut.

○ Toleranz statt Verzicht: Alle gesunden Lebensmittel können und sollen angeboten werden. Das Allergierisiko wird dadurch nicht erhöht, sondern die Toleranzentwicklung angekurbelt.

○ Es gibt keine »falsche« Lebensmittel-Reihenfolge in der Beikosteinführung, alles, was gesund ist, ist erlaubt. Also auch z.B. glutenhaltiges Getreide, Kuhmilch, Zitrusfrüchte, Eier – und sogar der früher im 2. Lebens-Halbjahr »gemiedene« Fisch wird jetzt empfohlen!

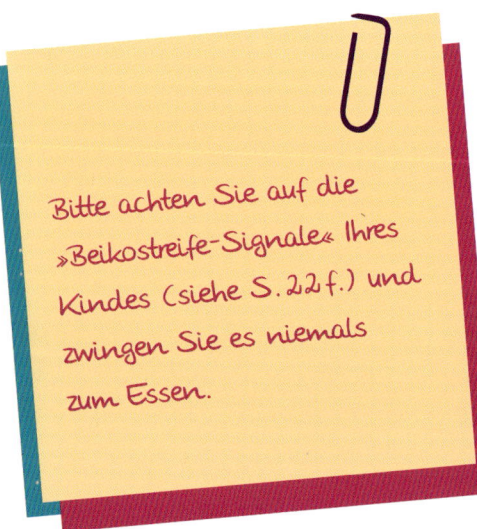

Bitte achten Sie auf die »Beikostreife-Signale« Ihres Kindes (siehe S. 22 f.) und zwingen Sie es niemals zum Essen.

»Es gibt Hinweise darauf, dass Fischkonsum des Kindes im 1. Lebensjahr einen Schutzeffekt auf die Entwicklung allergischer Erkrankungen hat«, sagt dazu die neue Leitlinie der **Arbeitsgemeinschaft der Wissenschaftlichen Medizinischen Fachgesellschaften e.V. (AWMF).**[11]

Die neuen Beikost-Empfehlungen gelten für alle Kinder, also auch für die, deren Allergierisiko erhöht ist. Von einem solchen spricht man, wenn ein Elternteil oder Geschwister eine allergische Erkrankung (Asthma, Neurodermitis, Heuschnupfen) hat.

Manche Kinder lehnen ein Nahrungsmittel konsequent über Wochen hinweg ab, das kann, muss aber kein Hinweis darauf sein, dass sie allergisch reagieren würden. Manchmal müssen die Kleinen bestimmte Nahrungsmittel einfach oft gesehen und gekostet haben, um die wichtige Entscheidung zu treffen, ob sie ihnen schmecken oder nicht. Plötzlich werden diese bestimmten Lebensmittel dann mit Begeisterung verspeist (siehe S. 31).

Allergien lassen sich an folgenden Reaktionen erkennen:

○ Hautreaktionen wie Ausschläge, rote, raue, juckende Stellen, wunder Po, auffällige Blässe, auffällig rote Wangen, angeschwollene Augenlider

○ Magen-Darm-Beschwerden, Erbrechen, Krämpfe, veränderte Verdauung (Blähungen, Durchfall, Verstopfung)

○ Atmung (angeschwollene Nasen- und / oder Mundschleimhäute, Fließschnupfen, hartnäckige Erkältungen, Bronchitis, Atemnot)

○ Unruhe, Reizbarkeit, Schlaflosigkeit, Mattigkeit

Wenn Sie bei Ihrem Kind eine oder gar mehrere dieser allergischen Reaktionen auf ein Nahrungsmittel bemerkt haben, besprechen Sie am besten direkt mit Ihrer Kinderärztin / Ihrem Kinderarzt das weitere Vorgehen.

Wenn Kinder schon in der Stillzeit oder Fläschchen-Zeit allergische Symptome zeigen (z. B. Hautausschläge, trockene Stellen, auffälliger Stuhlgang), ist es ratsam, die Beikosteinführung mit der Kinderärztin oder dem Allergologen und der betreuenden Hebamme zu besprechen. Eventuell kann eine Blutabnahme beim Kind und / oder eine im Krankenhaus durchgeführte Nahrungsprovokation für mehr Klarheit sorgen.

Bei Zitrusfrüchten kann es übrigens sein, dass Kinder einen Ausschlag um den empfindlichen Mundbereich herum bekommen. Das kann eine Allergie sein oder »nur« eine Reaktion auf die Säure im Obst.

Mehr Infos zum Thema Allergien bieten:

www.daab.de (Deutscher Allergie- und Asthmabund e.V.)
www.ak-dida.de (Arbeitsgemeinschaft Allergiekrankes Kind)

# Allergien und Ersatzmilch (Formulanahrung)

Wenn nicht oder nicht voll gestillt wird, ist industriell hergestellte Säuglingsmilchnahrung die richtige Ernährung für das Baby.

Für Babys ohne Allergierisiko gibt es:

○ Pre-Nahrung (Säuglingsanfangsnahrung): Sie enthält als Kohlenhydrat Laktose (Milchzucker) und kann das ganze erste Jahr nach Bedarf gegeben werden.

○ 1er-Nahrung (Säuglingsanfangsnahrung): Sie hat meistens genau so viele Kalorien wie Pre-Nahrung und kann ebenfalls nach Bedarf gegeben werden. Sie enthält aber zusätzlich zur Laktose als weiteres Kohlenhydrat Stärke. Viele Babys können diese in den ersten 4 Monaten nur schwer verdauen, das bedeutet: Es dauert länger, bis diese Milch verstoffwechselt wird, deswegen erscheint diese Nahrung sättigender. 1er-Nahrung ist eigentlich nicht erforderlich, ebenso wenig Folgenahrungen oder Kindermilch.

Für Kinder mit erhöhtem Allergierisiko wird hypoallergene Nahrung (HA pre / HA1) bis zum Beginn des 5. Monats empfohlen. Danach, so haben Studien zeigen können, hat HA-Nahrung keinen präventiven Effekt mehr.

Wenn nicht voll gestillt werden kann oder die Mutter dies nicht möchte, ist das übrigens kein Grund, gar nicht erst mit dem Stillen anzufangen. Auch kurzes ausschließliches Stillen oder teilweises Stillen (Muttermilch und Ersatzmilch) ist durchaus sinnvoll!

# Wie steht es mit der Zöliakie (Glutenunverträglichkeit)?

Zöliakie ist sehr selten, die Häufigkeit liegt bei 0,5–1 %.[12] Hinter dem Ausdruck verbirgt sich eine Unverträglichkeit gegen das im Getreide enthaltene Eiweiß Gluten (ist in Weizen, Dinkel, Hafer, Roggen, Gerste, Grünkern, Kamut enthalten). Bei Glutenunverträglichkeit entzündet sich die Dünndarmschleimhaut durch glutenhaltige Nahrungsmittel. Die betroffenen Kinder haben Gedeihstörungen, stinkende Stuhlgänge und Durchfälle, Erbrechen, Gewichtsverlust, Bauchschmerzen, Unwohlsein. Die Therapie besteht aus einer glutenfreien Ernährung.

In Studien wird Stillen während und nach der Gluteneinführung als wichtiger Schutzfaktor gegen Zöliakie beschrieben[13], wobei der richtige Zeitpunkt der Gluteneinführung noch unklar zu sein scheint.[14] Hier ist weitere Forschung notwendig.

Ich möchte Ihnen die Empfehlung der WHO besonders ans Herz legen: »Bezüglich des Allergie- und Zöliakierisikos ist festzustellen, dass es lediglich Daten für ein erhöhtes Risiko gibt, wenn die Einführung später als mit 6 Monaten und nicht unter dem Schutz des Stillens erfolgt. Die einzige sinnvolle zusätzliche Konsequenz, die aus dem Gesagten gezogen werden kann, ist, dass – sollte ein Stillen über 6 Monate hinaus während des Einführens von Beikost nicht möglich sein –, ein früherer Beginn des Einführens von Beikost (ab dem 5. Monat)[15] sinnvoll sein kann, damit dies unter dem Schutz des Stillens geschieht.«[16]

**Kurz zusammengefasst**: Sobald Ihr Kind reif für die Beikost ist, können Sie Glutenhaltiges (Brot, Brötchen, Nudeln …) möglichst noch unter dem Schutz des Stillens als Beikost in kleinen Mengen anbieten.

# Was können Eltern sonst noch zur Allergievorbeugung tun?

○ Achten Sie auf ein gesundes Innenraumklima, sodass keine feuchten Stellen an den Wänden und kein Schimmel entstehen können.

○ Wenn Sie an einer viel befahrenen Straße wohnen, lüften Sie zu verkehrsarmen Zeiten (Abgase, Feinstaubbelastung).

○ Eine rauchfreie Umgebung ist wichtig für Mutter und Kind, sowohl in der Schwangerschaft als auch nach der Geburt – wünschenswert wäre es natürlich für die ganze Familie. Aktiv- und Passivrauchen erhöht das Allergierisiko (Asthma).

○ Luftschadstoffe können das Asthmarisiko erhöhen. Deshalb wird empfohlen, lösungsmittelarme Farben und Lacke für die Renovierung der Wohnung zu verwenden und lieber alte Möbel (Wickeltisch, Bettchen) zu besorgen. Neue Möbel dünsten noch lange ungesunde Dämpfe wie z. B. Formaldehyd aus.

○ Sogar der Body-Mass-Index (BMI) hat etwas mit Allergieprävention zu tun: Ein erhöhter BMI birgt ein erhöhtes Asthmarisiko, deshalb ist es wichtig, Übergewicht zu vermeiden.

○ Die Studienlage zu felltragenden Haustieren und Allergien ist nicht eindeutig: Bei Kindern mit erhöhtem Allergierisiko sollte die Katzenhaltung vermieden werden. »Hundehaltung ist wahrscheinlich nicht mit einem höheren Allergierisiko verbunden.«[17] Ein Haustier zur Allergievorbeugung anzuschaffen, wird nicht empfohlen. Wenn schon Haustiere im Haushalt leben, dürfen sie bleiben! Für Kinder ohne erhöhtes Allergierisiko gibt es keine Einschränkung bei der Haustierhaltung.

○ Der Verzicht auf mögliche allergieauslösende Nahrungsmittel in der Schwangerschaft und Stillzeit vermindert nicht das Allergierisiko des Kindes. Eine ausgewogene, vielfältige und nährstoffreiche Ernährung wird sowohl in der Schwangerschaft als auch in der Stillzeit empfohlen.

# Stillen

## Stillen und Eisen

Eisenmangel ist bei reif geborenen, gesunden, gestillten Kindern im ersten Jahr sehr selten. Das liegt daran, dass das Baby im letzten Drittel der Schwangerschaft seine Eisenspeicher über den Eisenspiegel der Mutter »befüllt«. (Deswegen neigen Frühchen eher zu Eisenmangel.)

Nach der Geburt erhält das Neugeborene auch noch einiges an Eisen über die Nabelschnur, wenn man sie auspulsieren lässt. (Sofortiges Abnabeln kann das Auffüllen des Eisenspeichers dagegen bis zu 33 % mindern.)

Dieser Eisenspeicher versorgt das Baby in den ersten 6–9 Monaten gut mit Eisen, zusätzlich nimmt es auch noch Eisen aus der Muttermilch auf. Der Eisenwert der Mutter nach der Geburt beeinflusst dabei nicht den Eisenwert in der Muttermilch.

Muttermilch enthält zwar wenig Eisen, kann aber durch das in ihr vorhandene Eiweiß Laktoferrin sowie Vitamin C vom Körper prima aufgenommen werden (bis zu 70 %[18]) – besser als aus anderen Nahrungsmitteln und auch besser als aus Ersatzmilch (Aufnahme 5–10 %).

**Zu diesem Thema sind zwei Studien interessant**: So fand zum einen eine Untersuchung von Oliveira et al. aus dem Jahr 2010 heraus, dass in den ersten 6 Monaten jeder Monat, in dem ausschließlich gestillt wurde, den Eisenwert (beim Kind) ansteigen ließ. Im Vergleich: Die Eisenwerte der Kinder, die schon im 1. Lebens-Halbjahr Beikost bekamen, sanken.[19]

**Auch spannend**: Die Studienergebnisse von Pisacane et al. aus dem Jahr 1995. Sie zeigen, dass Kinder, die 7 Monate oder länger ausschließlich gestillt wurden, keinen Eisenmangel hatten; auch noch nach 12 und 24 Monaten waren ihre Eisenwerte normal. Über ein Drittel der Kinder, die kürzer gestillt wurden, hatte dagegen einen Eisenmangel.[20]

Frühe Beikost kann also scheinbar die Eisenaufnahme aus der Muttermilch reduzieren. Das lässt sich damit erklären, dass in den kleinen Magen eines Kindes im ersten Jahr keine besonders großen Essensmengen hineinpassen. Isst sich ein 18 Wochen altes Kind beispielsweise an Karotten satt (in dem Alter kann das eigentlich nur mit Löffelfütterung klappen), kann aus Platzgründen meistens kaum noch (eisenhaltige) Muttermilch aufgenommen werden, und das Kalzium aus den Karotten kann die Eisenaufnahme aus der Muttermilch bremsen.

Längeres Stillen ist also für den Eisenwert von Vorteil, aber natürlich nicht nur dafür!

Andersherum kann man also davon ausgehen, dass die Eisenvorräte bei einem reif geborenen, gesunden, gestillten Kind gut bis über die ersten 6 Monate hinausreichen. Deswegen lässt sich die Beikost ganz in Ruhe angehen.

## Unter anderem können jedoch folgende Situationen ein erhöhtes Risiko für kindlichen Eisenmangel in der Stillzeit nach sich ziehen:

- schlecht eingestellter mütterlicher Diabetes
- bei Schwangeren mit einem sehr niedrigen Eisenspiegel
- Frühchen
- schnell abgenabelte Kinder
- Kinder mit einem Geburtsgewicht unter 2.500 g – egal ob Frühchen oder am Termin geboren
- Babys, die nicht oder kürzer als 6 Monate gestillt werden und Kuhmilch statt Muttermilch oder Ersatzmilch bekommen
- kindlicher Blutverlust durch Mikroläsionen (kleine Verletzungen) im Darm. Sie können durch Unverträglichkeiten von Nahrung oder Eiweiß aus der mütterlichen Nahrung, die in der Muttermilch auftauchen können, auftreten.

# Teamwork: Vitamin C und Eisen

*Generell gilt*: Vitamin C begünstigt die Eisenaufnahme, Kalzium (z. B. in Kuhmilchprodukten) reduziert sie. Also lässt sich Eisen besser mit Vitamin-C-haltigem Obst oder Gemüse aus der Nahrung aufnehmen. Dabei kann Eisen aus Fleisch und Fisch grundsätzlich besser aufgenommen werden als aus pflanzlicher Nahrung (Obst, Gemüse, Getreide).

Sie können Ihrem Kind auch ein Stück Fleisch (unpüriert) anbieten, daran kann es herumlutschen und so Nährstoffe (u. a. Eisen) heraussaugen, auch wenn es keine Faser runterschluckt.

## Obst

| | |
|---|---|
| Apfel | 10 mg |
| Avocado | 15 mg |
| Banane | 10 mg |
| Brombeeren | 15 mg |
| Erdbeeren | 55 mg |
| Grapefruit | 40 mg |
| Heidelbeeren (Blaubeeren) | 20 mg |
| Himbeeren | 25 mg |
| Honigmelone | 30 mg |
| Johannisbeeren, rot | 35 mg |
| Johannisbeeren, schwarz | 175 mg |
| Kiwi | 45 mg |
| Mango | 35 mg |
| Orange (Apfelsine) | 45 mg |
| Papaya | 80 mg |
| Sanddornbeerensaft | 265 mg |
| Zitrone | 50 mg |

## Gemüse

| | |
|---|---|
| Blumenkohl, zubereitet | 45 mg |
| Brokkoli, zubereitet | 80 mg |
| Fenchel, Blatt | 95 mg |
| Fenchel, Knolle | 9 mg |
| Grünkohl | 105 mg |
| Grünkohl, zubereitet | 25 mg |
| Kartoffel, zubereitet | 10 mg |
| Kohlrabi | 65 mg |
| Kohlrabi, zubereitet | 30 mg |
| Paprika, grün | 115 mg |
| Paprika, rot | 140 mg |
| Paprika, zubereitet | 75 mg |
| Rosenkohl | 110 mg |
| Süßkartoffel, gegart | 25 mg |

## Kräuter

| | |
|---|---|
| Bärlauch | 150 mg |
| Dill | 70 mg |
| Petersilie | 160 mg |

## Wie viel Eisen ist worin enthalten?[22]

(Der essbare Anteil von 100 g verzehrfertigem Lebensmittel enthält)

### Fleisch

| | |
|---|---|
| Entenbrust | 2,4 mg |
| Hühnerbrust, mit Haut | 1,1 mg |
| Lammkotelett | 2,2 mg |
| Putenbrust | 1,0 mg |
| Rehrücken | 3,0 mg |
| Rinderfilet | 2,3 mg |
| Schweineschnitzel, natur | 1,7 mg |

### Fisch

| | |
|---|---|
| Hering | 1,1 mg |
| Kabeljau (Dorsch) | 0,3 mg |
| Makrele | 1,2 mg |
| Scholle | 0,9 mg |
| Seelachs | 1 mg |

### Käse

| | |
|---|---|
| Brie | 0,3 mg |
| Camembert | 0,2 mg |
| Edamer | 0,3 mg |
| Gouda | 0,3 mg |
| Mozzarella | 0,1 mg |
| Parmesan | 0,4 mg |
| Schafskäse | 0,1 mg |
| Tilsiter | 0,5 mg |
| Ziegenschnittkäse | 0,3 mg |

### Eier

| | |
|---|---|
| Hühnereigelb, roh | 7,2 mg |
| Rührei | 1,8 mg |

### Getreide

| | |
|---|---|
| Amaranth | 9 mg |
| Haferflocken | 5,5 mg |
| Hirse, geschält | 6,9 mg |
| Roggenbrot (Graubrot) | 2,3 mg |
| Weizenbrot (Weißbrot) | 0,7 mg |

### Gemüse und Hülsenfrüchte

| | |
|---|---|
| Aubergine | 0,4 mg |
| Blumenkohl | 0,5 mg |
| Brokkoli | 0,8 mg |
| Gurke | 0,2 mg |
| Kichererbsen, zubereitet | 2,7 mg |
| Linsen, zubereitet | 1,7 mg |
| Möhre, roh | 0,4 mg |
| Rote Bete | 0,9 mg |
| Schwarzwurzel, zubereitet | 2,2 mg |
| Spinat | 3,4 mg |
| Spinat, zubereitet | 2,7 mg |

### Obst

| | |
|---|---|
| Apfel | 0,2 mg |
| Aprikosen | 0,7 mg |
| Aprikosen, getrocknet | 4,4 mg |
| Avocado | 0,5 mg |
| Brombeeren | 0,9 mg |
| Heidelbeeren (Blaubeeren) | 0,7 mg |
| Himbeeren | 1 mg |
| Mango | 0,4 mg |
| Mango, getrocknet | 2 mg |
| Papaya | 0,4 mg |

# Fleischfrei?

Sie bieten Ihrem Kind immer wieder auch mal Fleisch an, aber es findet einfach keinen Geschmack daran? Oder: Sie leben vegetarisch und möchten auch Ihr Kind so ernähren? Bieten Sie ihm Getreidebrei (Hafer, Hirse und Amaranth sind eisenhaltig) mit Wasser angerührt und mit Saft und/oder Vitamin-C-haltigem Obst oder Gemüse verfeinert an. Wenn die Konsistenz ein bisschen fester ist, dann kann es den Brei besser greifen, oder es dippt ein Stück Gemüse (oder einfach seine Finger) in den Getreidebrei. Auch Linsen, Kichererbsen und andere Hülsenfrüchte enthalten viel Eisen und auch Eiweiß.

Bei Bedarf kann der Kinderarzt durch eine Blutabnahme den Eisenwert bestimmen. Solange Ihr Kind jedoch nicht müde und abgeschlagen ist, müssen Sie sich keine Sorgen machen!

Von ausschließlich veganer Ernährung rät die **Deutsche Gesellschaft für Ernährung e.V. (DGE)** ab: »Die Zeit des Wachstums und der Entwicklung in den ersten Lebensjahren stellt besondere Anforderungen an die Energie- und Nährstoffversorgung. Aufgrund der (…) Studienergebnisse stuft die DGE eine Ernährung auf rein pflanzlicher Lebensmittelbasis als ungeeignet ein, um Säuglinge, Kleinkinder und Kinder adäquat zu versorgen und Gesundheitsrisiken zu vermeiden.«[23]

# Öl – welches ist das beste?

Raps- und Leinöl stehen hoch im Kurs aufgrund ihres hohen Gehalts an Omega-3- und Omega-6-Fettsäuren. Sie spielen eine wichtige Rolle z.B. beim Aufbau der Zellmembranen und im Fettstoffwechsel, sind Ausgangsmaterial für Gewebshormone und sind für Wachstum und Regeneration der Zellen lebensnotwendig. (Aus diesem Zusammenhang kennen Sie vielleicht den Ausdruck »essenzielle Fettsäuren«. Der Körper braucht sie, kann sie aber nicht selbst herstellen.)

Auch hochwertige Pflanzenöle wie Walnuss-, Maiskeim-, Weizenkeim-, Distel- und Olivenöl sind sehr empfehlenswert.

Fette sind wichtig für das Immunsystem, für die Aufnahme von fettlöslichen Vitaminen (A, E, D und K), für die Hirn- und die motorische Entwicklung. Sie beliefern den Körper mit Energie, die in Form von Fett gespeichert werden kann … und vieles mehr!

Avocado, Hering, Lachs und Makrele, Nüsse und Samen (wichtig: die letzten beiden erst einmal nur als Mus – gibt's im Bioladen!) enthalten ebenfalls Omega-3- und Omega-6-Fettsäuren. Muttermilch übrigens auch! Also kein Stress mit dem Öl!

Wenn Sie Ihrem Kleinen einen Brei zum Dippen oder Selbst-Löffeln anbieten, geben Sie auf ca. 200 g Brei etwa 1 EL Öl dazu, auf 200 g »süßen« Brei (Obstbrei mit / ohne Getreide) ca. ½ EL Öl, das macht ihn reichhaltiger.[24]

Bei Gläschenkost achten Sie bitte auf die Zutatenliste und ergänzen Sie eventuell fehlendes Öl selbst.

Der Einfachheit halber: Verwenden Sie ein Pflanzenöl, das Sie auch für sich selbst verwenden! Ob kalt gepresst oder raffiniert ist dabei nicht so wichtig.

## Die Still-Gretchenfrage – oder: Ist es überhaupt noch modern, 6 Monate voll zu stillen?

6 Monate ausschließlich zu stillen (und danach noch begleitend, solange sich alle wohlfühlen), hat viele Vorteile für Mutter und Kind.

Beim Kind wirkt es sich positiv auf die Gesichts- und Kaumuskulatur aus und reduziert das Risiko für Magen-Darm-Infektionen (z.B. Durchfall), SIDS (Plötzlicher Kindstod), Infektionen der Atemwege, (z.B. Bronchitis, Lungenentzündung), Harnleiterinfektionen, Mittelohrentzündungen, Diabetes, Kinderleukämie, Asthma, atopische Dermatitis (Neurodermitis), Übergewicht im Kindesalter und darüber hinaus.

Langzeitvorteile für Erwachsene, die lange gestillt wurden, können sein: niedrigerer Cholesterinspiegel, weniger Übergewicht, vermindertes Risiko für Bluthochdruck und Diabetes.

Frauen, die 6 Monate oder länger stillen, können schneller wieder das Gewicht erreichen, das sie vor der Schwangerschaft hatten, es senkt das Risiko für Osteoporose, Diabetes, Bluthochdruck, Übergewicht, Herz-Kreislauf-Erkrankungen und Brust-, Gebärmutter- und Eierstockkrebs.[25]

**Die Weltgesundheitsorganisation (WHO), UNICEF, der Deutsche Hebammenverband (DHV), die American Academy of Pediatrics (AAP) und viele mehr**[26] empfehlen nach wie vor 6 Monate voll zu stillen. Danach kann neben geeigneter Beikost bis zum Ende des 2. Lebensjahres und darüber hinaus weiter gestillt werden, so lange, wie Mutter und Kind es wollen. Wenn wir davon ausgehen, dass ein gesundes Baby zeigt, wann es bereit ist für Beikost, dann passt diese Empfehlung wunderbar, denn die meisten Kinder interessieren sich um den 6. Monat herum für andere Nahrung und sind auch von ihrer körperlichen Entwicklung her so weit.

Das Gesundheitsministerium der USA hat sich sogar zum Ziel gesetzt, bis 2020 die Stillberatung und -information so gut auszubauen, dass die Motivation der Frauen steigt, ihre Babys die empfohlenen 6 Monate oder länger zu stillen.[27]

Ab dem 6. Monat steigen die Abwehrstoffe in der Muttermilch stark an, damit das Kind nicht ständig krank wird, wenn es sich auf seinen kleinen Weltentdeckungs-Ausflügen alles Mögliche in den Mund steckt, was es so am Boden findet. Um den 2. Geburtstag herum sind einige Antikörpermengen sogar so hoch wie im Kolostrum.

Liebe Eva,

nachdem nun unser Experiment »breifrei und Spaß dabei« so gut losging, bin ich nun doch etwas nachdenklich. Karline ist jetzt 6 ½ Monate alt und erhöht gerade bedrohlich ihre Stillfrequenz – sie scheint wirklich Dauerhunger zu haben. Auf einmal meldet sie sich auch nachts zu Zeiten, die mit unserem Rhythmus rein gar nichts mehr zu tun haben – vor allem auch während ihrer eigentlich solidesten Schlafrunde zwischen 20 h und Mitternacht!!! Braucht sie vielleicht doch noch mehr Nahrung außer Muttermilch? Vom angebotenen Essen »ver-braucht« sie ja nicht wirklich viel, sodass sie eigentlich rein praktisch betrachtet ja noch voll gestillt wird.

Kann es sein, dass ihr das jetzt nicht mehr reicht? Soll ich ihr vielleicht noch abends eine mit Getreideflocken angereicherte Milchflasche anbieten, oder gibt's irgendeinen anderen Geheimtipp?

Fragt sich unsicher, aber lieb grüßend

Loretta

# Schwankungen der Stillfrequenz

Viele Kinder sind durch alles Neue tagsüber sehr abgelenkt und holen sich ihre Milchmenge dann in der Nacht. Ist das bei Ihnen der Fall, versuchen Sie, am Tag in Ruhe (kein TV etc.) im Halbdunkeln zu stillen, vielleicht kann Ihr Kind so tagsüber etwas besser trinken.

Um die 26. Woche herum haben fast alle Kinder einen weiteren Wachstumsschub, das heißt, sie möchten jetzt wieder ganz viel gestillt werden, um so ihren erhöhten Kalorienbedarf zu decken. Durch das häufige Anlegen wird sich Ihre Milchmenge schnell der wieder gestiegenen Nachfrage anpassen. Trotzdem kann sich dieser Wachstumsschub 3–5 Wochen hinziehen, sogar stündliches Stillen ist phasenweise keine Ausnahme.

Auch Entwicklungssprünge, wenn das Kind z.B. gerade lernt, sich vom Rücken auf den Bauch zu drehen (und davon womöglich selbst völlig überrascht oder sogar erschrocken ist), können bewirken, dass Ihr Kind jetzt wieder besonders Ihre Nähe sucht, an der Mutterbrust kann es sich eben sicher und geborgen fühlen.

**Übrigens**: Die Mengen der gegessenen Nahrung wirken sich nicht auf das nächtliche Schlafverhalten Ihres Kindes aus. Durchschlafen hat nichts mit Ernährung zu tun. Es ist normal, dass Kinder auch noch im 2. Lebensjahr (und sogar auch später) nachts wach werden.

Sorgen Sie gut für sich, denn für Sie ist es ohne Frage eine anstrengende Zeit mit wenig Schlaf. Manchmal hilft es und wirkt beruhigend, wenn man sich beispielsweise in einer Stillgruppe mit anderen Müttern austauschen kann, denen es ähnlich geht.

# Wie viel Kalorien braucht mein Baby?

Die Beikost wird zusätzlich zum Stillen (oder dem Fläschchen, siehe S. 77 ff.) angeboten. Durch Enzyme und Vitamine in der Muttermilch können manche Bestandteile der Nahrung sogar einfacher verstoffwechselt werden (z. B. sorgen eben das Enzym Laktoferrin und Vitamin C dafür, dass Eisen besser aufgenommen werden kann, siehe S. 60. Laktoferrin hat zudem einen bakterienhemmenden Effekt und kann so vor Infektionen schützen).

Es ist egal, wie viel gegessen wird, denn die Muttermilch deckt alles ab. So erhält das Kind alle wichtigen Nährstoffe über die Muttermilch und lernt nebenbei neue Lebensmittel kennen.

Es ist sogar anfangs ganz gut, wenn Kinder sich nicht mit z. B. Kürbis satt essen, denn dann gibt es vielleicht keinen Platz mehr für die nahrhafte Milch.

Da der Babymagen noch recht klein ist, sollte dem Kind mit der Zeit lieber Hochkalorisches angeboten werden als kalorienarmes Gemüse. Er ist ungefähr so groß wie Babys Faust – und der im Beispiel angeführte Kürbis ist nicht besonders kalorienreich.

**Zum Vergleich:** Der Kaloriengehalt der Muttermilch liegt im Durchschnitt bei ca. 65–70 kcal/100 ml. Kürbis hat einen Kaloriengehalt von 24 kcal/100 g. Das Kind müsste also fast 300 g Kürbis essen, um dem Kaloriengehalt von 100 ml Muttermilch nahezukommen!

Wenn Kinder schon kauen und schlucken können, essen sie üblicherweise ein wenig Gemüse und füllen den restlichen Platz im Magen mit nahrhafter, kalorienreicher Muttermilch. Eigentlich sehr geschickt, denn durch Gemüse allein ist der Kalorien- und Nährstoffbedarf nicht optimal abgedeckt.

# Wie viel Kalorien hat eigentlich ...?[28]

Kleiner Hinweis: durch den Kochvorgang gehen
ein paar wenige Kalorien verloren.
(Der essbare Anteil von 100 g verzehrfertigem Lebensmittel enthält)

## Muttermilch und Milchersatznahrung

| | |
|---|---|
| Muttermilch | variiert zwischen 65–70 kcal[29] |
| Pre- / 1er-Milch | 66–69 kcal[30] |

## Obst

| | |
|---|---|
| Apfel | 54 kcal |
| Avocado | 221 kcal |
| Banane | 88 kcal |
| Birne | 55 kcal |
| Mango | 57 kcal |
| Wassermelone | 37 kcal |

## Gemüse

| | |
|---|---|
| Blumenkohl, roh | 22 kcal |
| Brokkoli, roh | 28 kcal |
| Gurke | 12 kcal |
| Karotte | 25 kcal |
| Kartoffeln, gekocht | 70 kcal |
| Kürbis | 24 kcal |
| Pastinake | 59 kcal |
| Süßkartoffel | 108 kcal |
| Zucchini | 18 kcal |

## Hülsenfrüchte

| | |
|---|---|
| Kichererbsen | 305 kcal |
| Linsen | 278 kcal |

## Käse

| | |
|---|---|
| Parmesan (45 % Fett i. Tr.) | 396 kcal |
| Ziegenschnittkäse (45 % Fett i. Tr.) | 344 kcal |

## Fisch

| | |
|---|---|
| Karpfen | 115 kcal |
| Makrele | 182 kcal |
| Scholle | 86 kcal |

## Fleisch

| | |
|---|---|
| Lammkotelett | 348 kcal |
| Putenbrust | 105 kcal |
| Rinderfilet | 121 kcal |
| Rinderhack | 161 kcal |

## Reis und Getreide

| | |
|---|---|
| Brötchen | 272 kcal |
| Haferflocken | 348 kcal |
| Knäckebrot, aus Roggen | 321 kcal |
| Reis, parboiled, gekocht | 121 kcal |
| Roggenmischbrot | 210 kcal |
| Weizentoastbrot | 238 kcal |

## Fette

| | |
|---|---|
| Butter | 752 kcal |
| Leinöl | 900 kcal |
| Olivenöl | 900 kcal |
| Rapsöl | 900 kcal |
| Sonnenblumenöl | 900 kcal |

Muttermilch hat also oft mehr Kalorien als die üblichen Starter-Gemüse/Obstsorten. Das ist gut zu wissen, vor allem wenn Ihnen jemand empfehlen sollte, Ihrem Kind doch jetzt endlich mal was »Richtiges« zum Essen zu geben, weil die Muttermilch nach 6 Monaten nicht mehr reichhaltig genug sei.

… Und natürlich nicht zu vergessen ist die wunderbare Möglichkeit, dem Baby durch das Stillen auch weiterhin im 2. Lebens-Halbjahr (und, wenn gewünscht, darüber hinaus) Geborgenheit zu bieten, Stress abzubauen und Rückversicherung zu erhalten, gerade in einer Zeit, in der so viel Neues passiert: die rasante motorische Entwicklung, das »Wegbewegen«-Können von der Mutter, Beikost kennenlernen und vieles mehr!

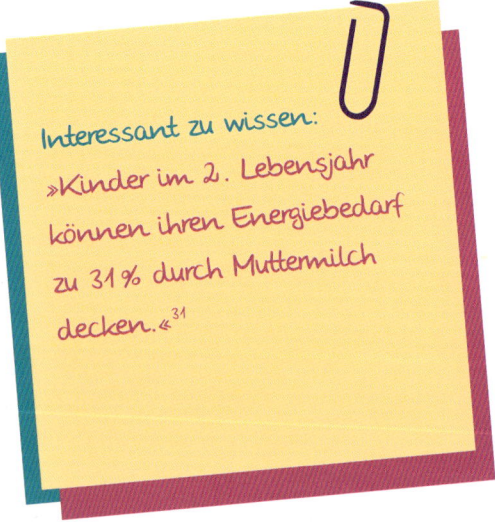

Interessant zu wissen:
»Kinder im 2. Lebensjahr können ihren Energiebedarf zu 31% durch Muttermilch decken.«[31]

# Ab wann kann man Stillmahlzeiten auslassen?

In den ersten Wochen und Monaten mit Fingerfood wird genauso weitergestillt wie bisher – also nach Bedarf. Eltern, egal, für welche Beikost-Art sie sich entscheiden, brauchen für die Beikost vor allem: Zeit und Geduld!

Manche Kinder wollen vom Brei nichts wissen, für andere kommt nichts anderes infrage, beim Fingerfood ist es genauso. Die meisten Kinder sind aber eher flexibel, an beidem interessiert, und zeigen dann mit der Zeit eine Vorliebe für das eine oder andere.

Ihr Kind weiß, dass es seinen Hunger und Durst an der Brust ganz wunderbar stillen kann, erst mit der Zeit (und gesteigerter geschluckter Nahrungsmenge) wird es merken, dass das »neue« Essen und Trinken den gleichen Effekt hat.

Die meisten Kinder fangen mit 9–10 Monaten an, mehr zu essen, sodass sie danach (siehe auch »Trinken«, S. 80 ff.) vielleicht nur noch kurz zum Durstlöschen (Vordermilch) an die Brust wollen oder zum Kuscheln. Selbst ein paar Schlucke Muttermilch helfen beim Verstoffwechseln der Nahrung. Wenn Sie aber auch immer wieder Wasser anbieten, wird Ihr Kind irgendwann mal nach einer Mahlzeit nicht mehr nach der Brust verlangen. Ob das schon mit 9 Monaten der Fall sein wird oder erst mit 11 oder 12 oder noch später, bleibt eine Überraschung!

Natürlich gibt es auch Kinder, die sich erst mit 10 Monaten zaghaft ans Essen wagen und mit 12 Monaten nahrungstechnisch immer noch nicht viel weitergekommen sind. Umso wichtiger ist dann die Muttermilch für das kindliche Gedeihen! Sie hat immer noch die richtige Zusammensetzung und versorgt das Kleine mit allen Nährstoffen, die es braucht. Aber auch zurückhaltenden Kindern bietet man natürlich jedes Mal Essen an. Wie immer: am besten, wenn man selbst isst, bitte ganz ohne Zwang und Stress, egal ob Fingerfood oder Brei. (Wenn es Bedenken wegen der Gewichtsentwicklung gibt, bitte zum Kinderarzt gehen oder / und die Hebamme kontaktieren!)

Manche Kinder sind anfangs total interessiert am Essen, doch nach ein paar Tagen oder Wochen gelangweilt oder empört und wollen nur noch gestillt werden. Manche essen wochen- und monatelang kaum etwas von der angebotenen Nahrung, aber dann, von einem Tag auf den anderen, können sie gar nicht mehr aufhören (Entwicklungsschritt!).

Ab welchem Zeitpunkt Ihr Kind nach dem Essen nicht mehr die Brust verlangt, ist nicht vorherzusagen. Sicher ist, dass Ihr Kleines irgendwann so gut essen wird, dass sie oder er nach einer Mahlzeit weniger oder kürzer oder gar nicht an die Brust will und sich so Ihre Milchproduktion langsam reduzieren wird. Das schon erwähnte britische Konzept **Baby-led Weaning** sagt übrigens genau das aus: Vom Baby geleitete Entwöhnung – etwas sperrig, aber trifft genau den Kern der Sache.

Und wenn Sie eines Tages dann nur noch ein- oder zweimal stillen, ist dies auch noch wertvoll und zudem noch eine super Unterstützung für das Immunsystem Ihres Kindes.

# Mutti-Notiz

Wann bietet man denn nun Nahrung an, wann stillt man, und wie zur Hölle weiß man, wann man welche Stillmahlzeit auf einmal auslassen kann?? Sollten Ihnen, liebe geneigte Leserin oder gar geneigter Leser, solche Gedankenknoten bekannt vorkommen, so möchte ich Sie beruhigen: In der Tat ist diese ganze Beikostgeschichte nur so lange so abstrakt, wie Sie sie lediglich theoretisch angehen. Rückblickend kann ich nur sagen: Es ergibt sich alles gewissermaßen von selbst – Sie haben ja keine andere Wahl, als mit Ihrem Kind zusammen auf die ein oder andere Weise durch diese Phase zu gehen! Sie wollen über kurz oder lang abstillen bzw. die Flaschennahrung ersetzen, und Ihr Kind will genauso über kurz oder lang essen wie alle anderen auch. Eine ideale Grundvoraussetzung also, im Team daran zu arbeiten!

Sollten Sie allerdings wie ich zum Grübeln neigen, so kann ich Ihnen eine kleine Übung empfehlen: Achten Sie, sobald Sie das nächste Mal Ihre Wohnung verlassen, mal darauf, wie viele erwachsene Menschen Ihnen, sagen wir, bei einem Spaziergang zum Supermarkt Ihres Vertrauens, begegnen. Bei all diesen nun von Ihnen wahrgenommenen Individuen hat das mit der Nahrungseinführung final irgendwie geklappt – ist das nicht beruhigend??

Tatsächlich entwickelt man unterwegs die Fähigkeit (zumindest hatte ich diesen Eindruck), zu spüren, wann das Kind »Stillhunger« (bzw. »Flaschenhunger«) oder Lust auf feste Nahrung hat.

In der ganzen ersten Zeit habe ich noch weiterhin unsere recht regelmäßigen Stillrunden eingehalten und die Mahlzeiten so gelegt, dass Karline nicht gerade Riesenhunger hatte, aber auch nicht pappensatt war – so hatte sie neben genuinem Interesse für die jeweilige Materie auch tatsächlich Appetit und war Geschmackserlebnissen gegenüber aufgeschlossen.

# Berufstätigkeit und Stillen

Stillen und Berufstätigkeit lassen sich – wenn gewünscht – gut vereinbaren. Jede stillende Frau hat das Recht, während der Arbeitszeit Muttermilch abzupumpen oder ihr Kind, welches ihr vorbeigebracht wird, zu stillen. (Links zum Mutterschutzgesetz finden Sie auf S. 157.)

Wenn Letzteres nicht gewünscht oder möglich ist, können Kinder während der Abwesenheit der Mutter abgepumpte Muttermilch oder Formulanahrung (ich empfehle Pre-Nahrung, siehe S. 55) je nach Alter und Interesse des Kindes aus einer Flasche oder auch aus einem Becher bekommen und – ebenfalls vom Alter und Interesse abhängig – zusätzlich noch Brei und / oder Fingerfood.

Sie möchten nicht abpumpen, aber trotzdem gerne weiterstillen? Kein Problem: Ihre Brüste werden sich mit ein wenig Unterstützung nach ein paar Tagen auf eine »Produktionspause« während Ihrer Arbeitszeit einstellen, den Rest der Zeit können Sie aber prima weiterstillen.

Besprechen Sie mit z. B. dem Vater in Elternzeit, Tagesmutter, Kita-Erzieherin oder sonstigen Betreuungspersonen, wie er oder sie Ihrem Kind während Ihrer Arbeitszeit Milch oder Beikost am stressfreiesten und entspanntesten anbieten kann, und holen Sie sich bei Bedarf Informationen und Tipps von Ihrer Hebamme.

Wenn Sie bei den ersten Beikost-Mahlzeiten trotz Arbeit dabei sein wollen, legen Sie die ersten Versuche mit fester Nahrung einfach auf die Tageszeit, zu der Sie zu Hause sind, selbst essen und Zeit haben!

# Abstillen

Wenn Sie Stillmahlzeiten reduzieren wollen oder sich zum Abstillen entschlossen haben, Ihr Kind aber noch nicht reif für die Beikost ist, sollten Sie die Stillmahlzeiten durch Flaschenmahlzeiten ersetzen. Ich empfehle aufgrund der leichteren Verdaulichkeit, wie gesagt, Pre-Nahrung. (Ab dem 5. Monat ist auch für Babys mit erhöhtem Allergierisiko keine hypoallergene (HA) Nahrung notwendig, siehe S. 55.)

Ab der 17. Woche ist Brei als Beikost erlaubt, aber wenn Sie die nächsten Wochen »nur« Formulanahrung (und noch keinen Brei) geben, ist Ihr Kind damit gut versorgt. Achten Sie auf die Beikostreife-Zeichen und die Signale Ihres Kindes (siehe S. 22 f.).

Der Flaschensauger sollte eine breite Lippenauflagefläche haben, denn so sind die Lippen und die Zunge stärker zur »Mitarbeit« angeregt, und die Mundmotorik wird dadurch trainiert.[32]

Das Saugerloch sollte möglichst klein sein (nehmen Sie den Sauger mit dem kleinsten Loch), damit das Kind nicht von der großen Milchmenge überfordert ist und sich nicht verschluckt. (Aus der Flasche kommt die Milch einfacher raus als aus der Brust, meist tröpfelt die Milch schon aus dem Sauger, sobald man die Flasche umdreht.)

Wenn die Milch zu schnell in Babys Mund sprudelt, versucht das Kind den Strahl zu stoppen, indem es die Zunge vorschiebt und das Loch »verschließt«. Dadurch wird der Zungenstoß, der ja für die Beikost mit der Zeit verschwinden soll, gefördert und bei jeder Mahlzeit trainiert.

Die Flasche kann aus Glas sein oder aus Plastik, das frei von Bisphenol A (BPA) ist. BPA ist in Produkten aus Polycarbonat enthalten. Das ist eine Substanz mit östrogenähnlicher Wirkung, die im Verdacht steht, gesundheitsschädigend zu sein. BPA-haltige Fläschchen dürfen seit Mitte 2011 nicht mehr verkauft werden.

Noch ein paar Ideen zum Flaschenfüttern:

○ Beim Stillen sind Mutter und Kind in engem Kontakt, das soll auch beim Flaschenfüttern so bleiben. Damit ist nicht nur der körperliche Kontakt gemeint, sondern auch der Blickkontakt! Das bedeutet: Das Baby wird im Arm gehalten und bekommt so die Flasche und wird nicht in der Babyschale oder in der Babywippe abgelegt.

○ Halten Sie Ihr Kind beim Flaschenfüttern relativ aufrecht, damit die Milch nicht von alleine durch die Schwerkraft in den Mund fließt; genau das würde passieren, wenn Sie Ihrem Kind liegend die Flasche geben würden.

○ Wird das Baby mit der Flasche gefüttert, soll der Sauger nicht einfach mal irgendwie schnell in den Mund geschoben werden. Viel besser ist es, mit dem Sauger die Lippen des Babys zu berühren, und wenn es seinen Mund öffnet, bekommt es die Flasche.

○ Beim Stillen beginnt das Baby im 3. oder 4. Monat mit der eigenen freien Hand herumzutasten, zu greifen und zu spielen, mal mit der einen, mal mit der anderen Hand, je nach Brust und Stillposition. Das geht mit der Flasche genauso: Mal nimmt man das Baby auf den rechten Arm und gibt mit der Linken die Flasche, und auch mal andersrum, auch wenn es nicht die eigene Lieblingsseite ist. So kann das Baby die »Auge-Hand-Koordination« beidseitig trainieren!

○ Beim Stillen weiß das Baby, wann es satt ist, und hört dann mit dem Trinken auf. Bei der Flasche sind Eltern oft dazu verleitet, das Kind zu »überreden«, den Rest auszutrinken. Das Kind trinkt dann über sein Hungergefühl – und das soll nicht passieren!

Wie schnell und wie genau Sie abstillen, ist eine sehr individuelle Sache, die von Frau zu Frau und von Kind zu Kind völlig unterschiedlich ablaufen kann. Am besten ist es, Sie lassen sich dabei von Ihrer Hebamme begleiten.

# Grundsätzliche Tipps zur Milchreduzierung

○ Salbeitee kann die Milchbildung reduzieren, homöopathische Mittel sollten Sie mit dem Homöopathen oder der Hebamme besprechen.

○ Wenn die Brüste wegen einer oder mehreren ausgelassenen Stillmahlzeiten recht voll und prall werden, sollte – um einem Milchstau vorzubeugen – die Milch von Hand entleert oder abgepumpt werden, aber nur so viel, bis das unangenehme Spannungsgefühl nachlässt. Die in der Brust verbleibende Rest-Milch gibt dem Körper das Signal, die Milchbildung zu reduzieren. Die gewonnene Muttermilch kann natürlich verfüttert werden! (Das Kind zu stillen geht natürlich auch, allerdings wird es vielleicht – je nach Hunger – eine komplette Stillmahlzeit zu sich nehmen wollen. Kurz mal den größten Druck wegtrinken lassen und dann »abdocken« würde das Kind wohl in Empörung versetzen!)

○ Die Brüste kühlen: mit kalten Lappen, Coolpacks aus dem Kühlschrank, Weißkohl oder Quarkauflagen für mindestens 20 Minuten, sooft es geht.

○ Auch ein gut sitzender BH (er darf nicht einschnüren!) wird die Milchreduzierung unterstützen. Er kann bei Bedarf auch nachts getragen werden.

# Fingerfood bei Fläschchen-Kindern

Wann ein Kind reif für die Beikost ist, ist bei flaschengefütterten Kindern wie bei gestillten Babys genau gleich (siehe S. 22 f.). Es sollte also auch hier nicht verfrüht damit begonnen, sondern abgewartet werden, bis das Kind die Startsignale gibt.

Anders als bei gestillten Kindern ist bei flaschengefütterten Kindern (egal ob Formulanahrung oder Muttermilch gegeben wird) das Sättigungsgefühl nicht so gut ausgeprägt, das heißt, sie trinken eher mehr, als sie bräuchten. Hierzu hat eine Studie mit 1.250 reif geborenen, gesunden Kindern ergeben, dass nur 27 % der im 1. Lebens-Halbjahr ausschließlich gestillten Kinder im 2. Lebens-Halbjahr die Flasche oder den Becher mit abgepumpter Muttermilch oder Formulanahrung komplett leer tranken.[33] Im Vergleich: 54 % der in den ersten 6 Monaten teils gestillten und flaschengefütterten Kinder und 68 % der ausschließlich flaschengefütterten Kinder tranken im 2. Lebens-Halbjahr die Flasche oder den Becher aus.

Beim Stillen an der Brust wissen Kinder offenbar, wie hoch ihr Energiebedarf ist – also wie viel Milch sie brauchen –, und hören, wie gesagt, mit dem Trinken auf, wenn sie satt sind, nuckeln aber vielleicht noch etwas weiter. Bei flaschengefütterten Kindern scheint die Sättigungsselbstregulation herabgesetzt zu sein.

Die Mechanismen dafür sind noch nicht ganz klar. Es wird u. a. vermutet, dass möglicherweise die Ermutigung, noch ein paar Schlucke aus der Flasche zu trinken, auch wenn das Kind schon satt ist (siehe S. 76), die Sättigungsselbstregulation stören kann. Vorstellbar ist auch, dass das unterschiedliche Saugmuster an Flasche und Brust einer der Gründe zum »Leertrinken« sein kann – oder aber die unterschiedliche Zusammensetzung der Muttermilch während einer Stillmahlzeit (Vordermilch / Hintermilch): Gegen Ende der Stillsession steigt der Fettgehalt in der Muttermilch, das signalisiert dem Kind möglicherweise das baldige Ende der Mahlzeit. Flaschengefütterte Kinder erhalten dieses Signal nicht, die Milch in der Flasche bleibt ja immer gleich.

Wenn Stillkinder mehr Beikost essen, trinken sie weniger Muttermilch, bei flaschenernährten Kindern hingegen reduziert sich die getrunkene Milchmenge eher nicht, sodass sie zu viele Kalorien zu sich nehmen, was unter Umständen zu Übergewicht führen kann.[34]

Um es auf den Punkt zu bringen: Wenn Sie abgestillt haben und es neben der Formulanahrung mit Fingerfood versuchen möchten, sollten Sie zur Beikost und auch zwischendurch immer wieder Wasser (aus einem Becher) zum Durstlöschen und Kennenlernen anbieten. Anfangs wird Ihr Kind zum Durstlöschen Formulanahrung haben wollen (weil es noch keine Alternative kennt und vielleicht auch noch nicht so viel isst), aber mit der Zeit wird es merken, dass sich Wasser dafür auch sehr gut eignet. Auf diese Weise wird Ihr Kind, wenn es dann schon mehr essen wird, keine unnötigen Kalorien über die Formulamilch aufnehmen.

Ob Sie vor oder nach dem Fingerfood die Flasche geben, ist anfangs bei den eher sehr kleinen gegessenen Mengen egal. Wenn Ihr Kind größere Mengen isst und trinkt (Wasser), sollten Sie lieber nach dem Essen die Milchflasche geben. Eines Tages wird Ihr Kind so viel Fingerfood zu sich nehmen, dass es danach keine Milch verlangt – vielleicht ist es bis zur nächsten Mahlzeit satt, vielleicht mag es nach einer Stunde eine Flasche trinken. So werden auch bei fläschchengefütterten Babys peu à peu die Milchmahlzeiten weniger.

# Trinken

## Ab wann und was trinken?

Wenn Sie mit Fingerfood loslegen, können Sie Ihrem Kind auch das Trinken aus einem Becher anbieten (mehr zum Thema »Becher« siehe S. 107 f.). Auch das ist – genauso wie mit dem Essen in den ersten Wochen oder Monaten – erst einmal Spiel und Experiment und hoffentlich spannend für Ihr Baby!

Zu Beginn der Beikostzeit ist Muttermilch immer noch die Hauptnahrung, mit der Ihr Kind seinen Durst (durch die wässrigere, fettarme Vordermilch) und Hunger (durch die bis zu fünfmal fettreichere, sättigende Hintermilch) stillen kann. Deshalb ist es anfangs noch ganz unwichtig, ob Ihr Nachwuchs überhaupt etwas trinkt – oder ob alles auf seinem Lätzchen landet. Durch die Muttermilch ist Ihr Kind bestens versorgt und kann so in Ruhe herausfinden, wie das Trinken überhaupt funktioniert und wie gut es den Durst löschen kann.

Erst wenn es nach einer Weile tatsächlich größere Mengen Fingerfood essen wird (Sie werden Beweise dafür in seiner Windel finden, siehe S. 133), entwickelt sich meistens parallel dazu mehr Interesse am und Geschick beim Trinken, vorausgesetzt, Ihr Baby kann jeden Tag immer wieder »üben«.

Es gibt keine Mindesttrinkmenge (an Wasser), die ein Kind in einem bestimmten Alter trinken muss. Bieten Sie es Ihrem Kind immer wieder an, zum Essen sowieso, aber auch mal zwischendurch. (Wenn es aber an die Brust will, dann stillen Sie es!)

Stellen Sie den Becher Ihres Kindes zu Hause immer an denselben Platz. So kann es mit der Zeit z.B. durch Hindeuten oder Hinrobben zeigen, dass es trinken möchte.

Es reicht, einfach nur Wasser anzubieten. Nach einem halben Jahr ist es nicht mehr notwendig, Wasser abzukochen. Leitungswasser hat eine gute Qualität, aber wenn Sie sichergehen wollen, können Sie Ihr Wasser bzw. die Rohre auf »Babytauglichkeit« überprüfen lassen, Adressen sind im Internet zu finden.

Lassen Sie einfach das Standwasser etwas ablaufen und verwenden Sie dann frisches, kaltes Wasser, das Sie bei Bedarf auch erwärmen können, wenn Ihre Tochter oder Ihr Sohn es lauwarm oder in Körpertemperatur lieber mag. (Kaltes kennt Ihr Kind ja noch gar nicht, selbst ausgekühltes Essen hat immerhin Raumtemperatur.)

Möchten Sie Ihrem Baby Mineralwasser geben, achten Sie am besten auf dem Etikett auf die Aufschrift »Für Säuglingsnahrung geeignet«, das bedeutet, es ist natriumarm. (Mehr zum Thema Salz auf S. 114 ff.) Mit kohlensäurehaltigem Wasser haben viele Kinder ihren Spaß, erzeugt es doch im Mund so ein spannendes, prickelndes Gefühl. Bieten Sie es einfach mal an.

Die **Deutsche Gesellschaft für Kinder- und Jugendmedizin e.V. (DGKJ)** empfiehlt übrigens: »Wasser aus haushaltsüblichen Wasserfiltern soll nicht verwendet werden, da durch Wasserfilter Keimzahlen und Fremdstoffkonzentrationen erhöht werden können.«[35]

Das Praktische am Wasser ist: Es schmeckt überall gleich und ist auch überall zu bekommen. Vielleicht werden Sie sich ein verschließbares (Trink-)Gefäß für unterwegs zulegen. Wenn dieses jedoch mal nicht mit dabei ist, wird es auch mit einer spontan gekauften Wasserflasche klappen: Kinder entwickeln ein beachtliches Geschick, aus Wasserflaschen zu trinken: Je nach Größe der Flaschenöffnung ist meistens die Oberlippe in der Flasche, oder ein Teil des Gewindes verschwindet im Mund. (Üben Sie das Aus-der-Wasserflasche-Trinken also am besten schon einmal zu Hause!)

Ungesüßten Tee anzubieten ist in Ordnung, aber manchmal gibt es Dramen, wenn Kinder nur noch und ausschließlich Tee akzeptieren: beispielsweise wenn man unterwegs merkt, dass der Tee noch zu Hause auf dem Tisch steht oder in der Tasche ausgelaufen ist … oder schon leer getrunken. Das Kind will aber nun etwas trinken – nämlich **Tee!** Und zwar sofort … Deswegen, der Einfachheit halber: Wasser vorrangig anbieten, Tee nach elterlicher Lust und Laune, denn eigentlich ist er nicht notwendig. Instant-Tees sind aufgrund ihres Zuckergehalts (oft auch versteckter Zucker in Form von Malto-dextrin, Dextrose etc., siehe auch S. 38) nicht zu empfehlen. Kräutertees sollten wegen ihrer Wirkung nur nach Bedarf gegeben werden. Schwarzer und grüner Tee haben eine anregende Wirkung und sind deshalb nicht für Babys und Kinder geeignet.

Säfte sind recht kalorienhaltig, enthalten viel Fruchtzucker und sind deshalb nicht die richtige Wahl gegen den Durst. Zahnärzte empfehlen, Kinder gar nicht erst an Säfte oder Saftschorlen zu gewöhnen und zum Durstlöschen Wasser oder ungesüßte Tees anzubieten. Der Fruchtzucker (auch wenn auf dem Etikett »ohne Zuckerzusatz« steht) und die Säure im Saft sind schlecht für die Zähne, auch wenn sie noch nicht durchgebrochen sind.

Zu besonderen Anlässen darf es auch mal eine Schorle sein, am besten stark verdünnt 1:10 bis 1:3.

Wichtig ist es, das Dauernuckeln an einer Flasche (egal ob Nuckelflasche oder Trinklerntasse mit Aufsatz) zu vermeiden, denn dadurch werden die Zähne ständig vom süßen Getränk umspült und es kann »Nuckelflaschenkaries« entstehen. Selbst das Dauernuckeln mit Wasser oder Tee kann ungünstige Folgen haben: Speichel hat einen leicht sauren pH-Wert, enthält u. a. Mineralbestandteile für den Zahnschmelz und überzieht die Zähne mit einer schützenden Schicht. Wird der Speichel jedoch dauernd mit Wasser oder Tee verdünnt, sinkt dieser Schutz.

Kurz und knapp:
Lieber Wasser aus dem Becher anbieten und Zähneputzen nicht vergessen!
(Ja, schon beim ersten Zahn!)

# Wie setze ich mein Kind an den Tisch – Schoß oder Hochstuhl?

PhysiotherapeutInnen empfehlen, Kinder erst dann in einen Hochstuhl zu setzen, wenn sie von selbst zum Sitzen kommen und stabil sitzen bleiben können – also nicht nach hinten oder zur Seite wegkippen. Das ist ungefähr im Alter von 8 Monaten der Fall.

Setzt man Kinder zu früh in einen Hochstuhl, ausgepolstert oder nicht, wird der kindliche Halteapparat, der dafür noch nicht reif genug ist, überfordert – in diesem Fall die kindliche Rückenmuskulatur, die Bandscheiben, Hüfte und das Becken.

Deshalb: Haben Sie anfangs noch ein wenig Geduld und lassen Sie Ihre Tochter oder Ihren Sohn bitte zum Essen bei sich auf dem Schoß sitzen, so wird sie oder er optimal beim Sitzen gestützt und unterstützt. Sobald die Kleinen selbst zum Sitzen kommen, können sie theoretisch auch mal länger in ihrem Stuhl bleiben, allerdings wird ihnen das »ruhige Sitzen« schnell langweilig werden, am Boden gibt es so viel Spannendes, und dort kann man prima herumwuseln.

Manche Kinder wollen aber unbedingt zum Essen auf dem vertrauten Schoß angekuschelt sein und interessieren sich kein bisschen für Nahrung, wenn sie im Stuhl sitzen, da heißt es (weiter): Geduld!

# Mutti-Notiz

Ich seh' das auch so: Ein Kind sollte, bevor man es in einen Hochstuhl verfrachtet, eigentlich schon alleine zum Sitzen kommen können, deshalb möchte ich Ihnen hier kurz etwas über den entwicklungsphysiologischen Ansatz von Emmi Pikler erzählen, deren pädagogisches Konzept ich im Großen und Ganzen sehr nachvollziehbar und schlüssig finde. (Ich bin nicht in allen Punkten Fan ihrer Lehren, das hat mit meiner grundsätzlichen Aversion gegen Dogmen zu tun, dies zu konkretisieren führte aber hier zu weit.)

Gemäß ihrer Sicht der Dinge sollte man einem Säugling und später Kleinkind, liebevoll begleitet, versteht sich, den Raum ermöglichen, eigenständig und im eigenen Tempo Erfahrungen motorischer, sensorischer und emotionaler Art zu machen. Klingt noch kryptisch? Verzeihung. Am Beispiel erklärt: Ihr Kind wird, so Sie es lassen (und unter der Voraussetzung, dass keine beeinträchtigende Entwicklungsverzögerung vorliegt), früher oder später selbst herausfinden, wie es vom Liegen oder Krabbeln zum Sitzen kommt. Wenn Sie es permanent hochziehen, bringen Sie es damit nicht nur in eine Lage bzw. Situation, aus der es sich selbst nicht wieder herausmanövrieren kann (in Unkenntnis des eigentlichen Hinwegs drängt sich einem ein möglicher Rückweg nicht unbedingt auf, oder, anders gesagt: Wenn Sie ein Riese eines Tages ganz oben auf einen Baum setzen würde, hätten Sie erheblich größere Schwierigkeiten beim Abstieg, als wenn Sie sich selbst gemerkt hätten, welche Äste Sie beim Hochklettern verlässlich getragen haben, oder?), sondern schaffen damit auch Nährboden für Frustration (»Diese neue Haltung war viel sinnvoller und verschaffte mir einen guten Überblick, aber irgendwie komme ich nicht noch mal allein dahin. Unerfreulich.«) und letztlich auch Stress für Sie: »Die soll das nochmaaaal mit mir macheeeen!«

Falls ich Sie neugierig
gemacht habe,
Emmi Pikler:

» Zufriedene Babys –
Glückliche Mütter

» Lasst mir Zeit: Die selbständige
Bewegungsentwicklung des
Kindes bis zum freien Gehen

Denken Sie mal über selbigen Ansatz beim Laufenlernen nach. Und erinnern Sie sich, wie viel über Rückenschmerzen fluchende, halb gebückt gehende und ihre Kinder an beiden Händen führende Eltern Sie schon im Leben getroffen haben.

Nachdem Karline die ersten 2 Wochen als Ess-Abenteurerin auf meinem Schoß zugebracht hatte, wurde ihr Wunsch nach autarkem Arbeiten deutlich spürbar. Praktischerweise kam sie in dieser Zeit auch die ersten Male alleine zum Sitzen, sodass ich dann beschloss, sie – nach streng genommener Pikler'scher Lehre zugegebenerweise etwas früh, denn sie fiel auch noch das ein oder andere Mal wieder um – während der Mahlzeiten (und nur dann) für überschaubare 10 Minuten in den gemütlich auf drei Seiten ausgepolsterten Hochstuhl zu heben (siehe S. 104 f.). Das Ganze fand außerdem ja immer nur am Tisch statt, sonst nie. So war für Karline schnell klar, dass diese Art der »Unterbringung« ausschließlich zur Nahrungsaufnahme gehörte.

Die **Pikler Gesellschaft,** die das gedankliche Erbe der Dame vertritt, möge es mir nachsehen.

# Karlines
# Selbstesser-Tagebuch

### 3. September (5 Monate + 11 Tage alt)

Eine Premiere: Heute durftest Du beim Abendessen mit gedünstetem Brokkoli experimentieren! Dein erster Kontakt mit Essen! Wir haben uns nämlich entschieden, Dir Fingerfood statt Brei anzubieten, damit Du selbst und in aller Ruhe Deine ersten Erfahrungen mit diesen komischen, vielfarbigen und hübsch zermatschbaren Sachen, die man sich offensichtlich in den Mund stecken darf, sammeln kannst.

Na ja, in den Mund stecken … Papa und ich waren wahnsinnig aufgeregt und sogar darauf gefasst, dass Du Dich vielleicht doll verschluckst, aber so weit hätte es gar nicht kommen können: Von den vier weich gedünsteten Röschen, die ich vor Dir auf den Tisch gelegt hatte (Du saßt auf meinem Schoß), hast Du drei mehrfach auf den Boden befördert und lediglich eines kurz an den Mund geführt, kurz daran gesaugt und es dann auch zufrieden fallen lassen. Aber immerhin, ein Anfang …

# 4. September (5 Monate + 12 Tage alt)

Jippie, es geht los!

Heute Morgen beim Frühstück hatte ich Dich wieder auf dem Schoß, und diesmal hast Du mit schmalen Butterbrotstreifen (ohne Rinde) Bekanntschaft gemacht, oder vielmehr hast Du die Bekanntschaft durch relativ gezieltes Vom-Tisch-Wischen fast erfolgreich verhindert ... Aber ein kleines Stück wanderte doch kurz in Deinen Mund, stell Dir vor! Und Du hast es nachdenklich darin hin- und herbewegt, so sah es zumindest aus. Als Du es wieder hinausbefördert hast, war nur noch etwa die Hälfte vorhanden und Du machtest mit ernsthaft konzentriertem Gesicht schmatzende Schluck-Geräusche ... Ganz offensichtlich hast Du etwas Butterbrot in Deinen kleinen Magen gefüllt!!!!

Zum Abendessen gab's Gurke für Dich – bisher das erfolgreichste Experiment: Du hast dreimal für längere Zeit (bestimmt 10 Sekunden!) an einer Scheibe gelutscht. Und ganz prüfend und genau hingeschaut, als Papa und ich gegessen haben!

Das Phänomen Essen scheint Dich jetzt wirklich sehr zu interessieren – unser Timing war genau richtig. (Nur fürs Protokoll: Ich stille Dich nach wie vor noch voll – nicht, dass das klingt, als würden wir Dich mit ein paar Scheiben Gurke zum Lutschen darben lassen?!?)

## 9. September (5 ½ Monate alt)

Auf Deiner Speisekarte stand heute Melone. Galia-Melone.
Du hast begeistert an einem Stück »gezuzelt« – so lange, bis ein
ziemlich großer Teil davon in Deinem Mund gelandet ist! Dann hast
Du Dich aber doch sehr erschrocken. Und ein bisschen geweint, bis
Du dann tapfer, so, wie wir es Dir vormachten, das »Ding« wieder
ausgespuckt hast. Traumatisiert scheint's Dich nicht zu haben – Du
hast danach sofort begeistert weitergelutscht!!

# 19. September (fast ½ Jahr alt)

Der Knaller des Tages: Wir setzten Dich zum ersten Mal, mit einem dicken Kissen im Rücken und zwei kleinen zu Deinen Seiten, in Deinen neuen Hochstuhl mit integriertem Tisch!! Du kannst Dich, so ordentlich abgestützt, schon sehr gut aufrecht und gerade halten, und so trauten wir es uns kurz – sehr zu Deinem Vergnügen!

Für Dich gab's heute Kartoffeln, und Du hast, außer auf Deiner gesamten Tischplatte, auf Deinem »Schutzanzug« (einem Lätzchen mit langen Armen, sehr praktisch), auf Deiner Hose und auf dem Boden, auch einige Stücke nachhaltig in Deinem Gesicht verteilt, manche landeten sogar in Deinem Mund! Das Meiste hast Du dann wieder ausgespuckt, aber ein paar Stückchen auch heruntergeschluckt. Und danach hast Du stolz wie Bolle aus Deinem knallroten Doppelhenkelbecher getrunken – Mann, hat Dir das Spaß gemacht, »so wie wir« zu essen und zu trinken!

## 26. September (6 Monate + 3 Tage alt)

Heute Morgen habe ich mal probehalber einen Brei-Versuch gestartet – gar nicht Deine Welt!

Pfffööööhhh hast Du gesagt und alles wieder ausgespuckt, höflicherweise nur auf Dein Lätzchen.

Und eben zum Abendessen hab ich Dir etwas Kürbis püriert, einfach aus Neugier – offensichtlich auch nicht Deine Tasse Tee.

Mit dem Löffel hantieren macht Dir Spaß, aber die breiige Konsistenz scheint Dir suspekt. Wir bleiben also geduldig beim Fingerfood.


## 27. September (6 Monate + 4 Tage alt)

Irgendwie denke ich, dass wir doch noch eine andere Lösung finden müssen, Dich satt zu kriegen: Auf einmal »zwischenmeldest« Du Dich wieder nachts, Hilfe!!

Heute um 3 h, ich konnte es erst gar nicht glauben und habe Dir drei- oder viermal den Schnuller wieder in den Mund gesteckt, in der festen Annahme, dies sei der Grund Deiner Beschwerde! Dann um 6.20 h. Und um 11 h hattest Du schon wieder Hunger, sonst war das immer gegen 12 h in letzter Zeit! Dann um 14 h, um 17 h und um 19.30 h.

Und jetzt das Bedrohlichste: um 22.30 h! Eben gerade! Und diese Strecke, vom Ins-Bett-Gehen bis Mitternacht, hast Du bisher immer durchgeschlafen, seit Du Deinen Rhythmus gefunden hast! Ich muss morgen früh unbedingt Eva kontaktieren, vielleicht muss ich Dir doch noch irgendwas nahrhaft Milch-Getreidiges servieren? Gar Milchpulver kaufen?

Sonst tobst Du bald vor Hunger! Aber Brei trifft wirklich nicht Deinen Geschmack – ein zweites Zwieback-Matsch-Angebot (ich dachte, vielleicht mochtest Du's nur gestern nicht …) hast Du nach dem ersten Löffel grimmig abgelehnt. Und dann nach kurzer Überlegung laut und deutlich »Kraut« gesagt?!?

## 28. September (6 Monate + 5 Tage alt)

Heute sieht die Welt schon wieder ganz anders aus – sehr interessant, wie doll ich doch immer wieder (vor allem abends, wenn müde!) beeinflussbar bin bzw. immer noch nach anderen Wegen oder Gangarten suche, um dann letztendlich in einer Art Ausschlussverfahren die meine finde. So dachte ich ja gestern Abend noch recht verzweifelt, dass es sinnvoll oder vielmehr doch notwendig sei, zuzufüttern. Zugegeben, hab mich auch mal wieder kreuz und quer durchs Internet gekämmt. Nicht gut. Besser: Eva fragen!

Und die sagt: Es besteht kein Grund zur Annahme, dass Du Hunger leiden musst, da ich ja ausreichend Milch für Dich produziere, sobald Du – wohl wachstumsschubbedingt – neue Extra-Mahlzeiten einführst. Ich kann also in aller Ruhe weiterstillen und Dir nebenbei das Essen näherbringen, was Dir ja auch einen irrsinnigen Spaß macht.

## 29. September (6 Monate + 6 Tage alt)

Neuer Tag, neues Essensglück: Heute hast Du begeistert mit mir »gefrühstückt«!
Ich hab Dir auf Deine Butterbrotstücke ohne Rinde einfach aus einem Obstgläschen pures Birnenmus gestrichen – Du hast daran genuckelt wie eine Wilde – und auch tatsächlich einige Stückchen geschluckt, Wahnsinn!
Du brauchst scheinbar immer ein wenig Bedenkzeit, bis Du loslegst – gerade, als ich Dich wieder aus Deinem Stuhl heben wollte, weil ich dachte, dass Du Dich nicht fürs Essen interessierst, fingst Du an, engagiert ein Stück zu fassen zu bekommen!

## 23. Oktober (7 Monate alt)

Du bist jetzt 7 Monate alt, mein Kind, und wirst immer virtuoser bei Deinen Essmanövern, wie ich finde – obwohl je nach Tagesform doch auch immer noch gerne das Handtuch unter Deinem Stuhl, Deine Hose oder auch Deine Haare eingesaut werden …
Morgens gerne Dein »Marmeladenbrot«, je nach Laune zwei bis drei Stückchen, heute Mittag zwei ganze Fusilli mit etwas Tomatensoße, und heute Abend hast Du das erste Mal Fleisch probiert! Von meinem Rinderfilet hab ich Dir zwei Streifen abgeschnitten, die Du mit Inbrunst ausgezelt hast – am Ende sahen sie völlig grau und zusammengeschnürt aus! Dazu hast Du noch ordentlich Blumenkohl verputzt, bestimmt zwei Röschen, und warst stolz wie Bolle, dass ich sie Dir vorher in unsere (keine Angst, salzarme!) Soße getunkt habe!

## 28. Oktober (7 Monate + 5 Tage alt)

Du isst wie eine Wilde. Deine Bilanz heute: zum Frühstück zwei recht große Melonenschiffchen.

Mittags im **Dudu** (asiatisch): eine kleine Ecke von meinem Lachsfilet, etwas Avocado und drei Gurkensticks aus der Sushi-Theke (Spezialorder für Dich!!).

Nachmittags: drei Stücke Apfel aus meinem Kuchen (schön matschig, super für Dich).

Und zum Abendessen eineinhalb Kirschtomaten (alles bis auf die Haut, die spuckst Du fein säuberlich abgelöst wieder aus!), ein Stück Brie und eine Ecke Butterbrot.

Dein Stillappetit wird allerdings noch nicht merklich weniger – wann das wohl kommt? Aber dann wiederum haben wir ja erst vor knapp 2 Monaten angefangen.

## 29. Oktober (7 Monate + 6 Tage alt)

Mit Mangold und Käse gefüllte Pfannkuchen zum Mittagessen – ein voller Erfolg bei Dir!

Und noch etwas Neues, wer hätte das noch gedacht: Du magst jetzt als Nachmittags-Spaß gerne ein Obst-Getreide-Gläschen! Fand es einsam im Regal, noch aus dem ersten angeschafften Schwung, und dachte, ich biete es Dir einfach mal an!

Der Hauptspaß besteht, denke ich, für Dich darin, mit Deinem Löffel in die Schüssel zu matschen, in die ich das Zeug vor Dir hinstelle, wenn ich die Nerven dazu habe – allerdings behalte ich das Glas bei mir und dann lässt Du Dich tatsächlich huldvoll füttern! Manchmal arbeiten wir auch zusammen: Dann fülle ich Dir den Löffel, gebe ihn Dir in die Hand, aber lenke am Ende des Stiels noch vorsichtig mit.

## 16. Dezember (fast 9 Monate alt)

Frühstück im Café: ein halbes Croissant!
Und heute Abend, als es Lachs aus dem Ofen und Grilltomaten gab,
hast Du richtig viel gegessen, sodass Du beim Stillen um 20 h merklich weniger getrunken hast!
Überhaupt habe ich das Gefühl, dass Dein Stillappetit weniger wird
über den Tag.

## 19. Dezember (fast 9 Monate alt)

Ein Ausflug zum Mittagessen ins arabische Restaurant um die Ecke:
Stolz wie Bolle saßt Du zwischen Papa und mir auf der Bank und
hast große Mengen Fladenbrot mit Hummus verspeist!

*Der Arbeitsplatz von oben!*

### 30. Dezember (9 Monate + 7 Tage alt)

Es bahnte sich die letzten Tage schon an, und jetzt ist es tatsächlich einfach so passiert. Nach einer ersten Morgen-Stillrunde um 8 h hast Du den ganzen Tag über bei allen Haupt- und Zwischenmahlzeiten so viel gegessen, dass Du selbst gar nicht geschimpft hast aus Milchhungergründen – und so habe ich wirklich erst am späten Nachmittag gemerkt, dass wir bis zu diesem Moment kein einziges Mal mehr gestillt haben!

Na so was! Und nachts stille ich Dich jetzt auch nicht mehr. Vor einiger Zeit haben wir ja die 3h-Runde wieder abgeschafft (Papa hat sich einfach lieb um Dich gekümmert und mit Dir gekuschelt, wenn Du gequengelt hast), und jetzt lassen wir seit 2 Tagen auch den Mitternachtstermin aus – in der ersten Nacht hast Du Dich noch gewohnheitshalber gemeldet, bist aber schon nach kurzem Trösten wieder eingeschlafen, und heute Nacht wurdest Du schon gar nicht mehr wach – das ging wirklich einfacher, als gedacht!!!

# 1. Januar (9 Monate + 9 Tage alt)

Zum Jahresbeginn sieht Dein durchschnittlicher Tagesbedarf folgendermaßen aus:

8 h Stillung

9 h Frühstück – etwas Müsli magst Du gerade gerne (Hirseflocken mit Milch und geriebenem Apfel), etwas Brot mit Butter und »Marmelade«, etwas Brie und ein Glas Wasser

11.30 h meist die zweite Hälfte Müsli und etwas Obst

13.30 h Mittagessen mit uns (Nudeln, Fleisch, Kartoffeln, Risotto, Gemüse, Fisch – was auch immer wir essen)

16.30 h ca. ein halbes Obst-Getreide-Gläschen

18 h Stillung

19 h Abendessen: Brot, Brie, Gurke, Tomate, manchmal Omelette etc.

und vorm Ins-Bett-Gehen noch mal stillen.

Nicht schlecht, oder?

# 10. Januar (9 ½ Monate alt)

Dein neuer persönlicher Rekord in Sachen Mittagshunger: 20 Penne mit Tomatensoße und Parmesan!

## 12. Januar (9 ½ Monate + ein paar Tage alt)

Eine Premiere: Du warst das erste Mal mit Papa über Nacht alleine, ich war in Hamburg und kam erst heute Morgen ganz früh wieder. Du hast zum ersten Mal eine Milchpulver-Flasche zum Einschlafen bekommen (Pre-Milch) und sie hat Dir wohl sehr gemundet! Weswegen wir das heute Abend wieder gemacht haben. Klappte hervorragend, auch von mir hast Du sehr gerne die Flasche genommen.

Die 18 h-Runde hast Du mit Papa auch ausgelassen, obwohl ich sogar extra noch abgepumpt hatte, aber da Du vergnügt zu Abend gegessen hast, gab es wohl keinen Bedarf.

Jetzt stille ich Dich also nur noch einmal morgens – das wird ja rasant weniger!

Heute Abend wurdest Du immer quengeliger und hattest auf einmal 38,8 °C Fieber. Jetzt geht es wohl richtig los mit den Zähnen.

## 13. Januar (9 ½ Monate + ein paar Tage alt)

Du bist recht unleidlich und fährst Dir immer mit der Zunge über das untere Zahnfleisch, das auch schon sehr rot und geschwollen ist – wir erwarten stündlich den Durchbruch!

Aber Du isst weiterhin ordentlich. Den Appetit hat Dir die blöde Zahnerei also nicht verdorben!

## 15. Januar (fast 10 Monate alt)

Ein Zähnchen! Ein Zähnchen ist zu sehen, nur die alleroberste Spitze, aber immerhin!

## 24. Januar (10 Monate + 1 Tag alt)

Ich glaube, die Stillerei haben wir hinter uns gelassen, mein Mädchen. Heute Morgen haben wir Dir das erste Mal beim Aufwachen
eine Flasche serviert, die Du an uns gekuschelt getrunken hast. Du
warst sehr zufrieden damit!
Ob das jetzt so bleibt?

## 25. Januar (10 Monate + 2 Tage alt)

Tag 2 ohne Stillen, Du meinst es wohl wirklich ernst damit! Genau 10
Monate auf dieser Welt, bist Du eine geschmacklich breit aufge-
stellte und sehr vergnügte Esserin geworden, und das ohne Zähne!
Ich finde, wir haben das zusammen ganz schön gut hingekriegt,
oder? Mir hat das Experiment jedenfalls sehr großen Spaß gemacht,
und ich denke, ich kann mit Schwung notieren: Dir auch!!!

# Teil 2: Die Praxis

## Auf Los geht's los

So viel zum Basis-Rüstzeug und zur Theorie für Fingerfood – in diesem Teil folgt nun der »Nahkampfbericht« von der Selbstesserfront, oder anders gesagt: die Erkenntnisse und Einschätzungen einer experimentierfreudigen Mutti mit ihrer unfreiwilligen Probanden-Tochter …

## Wann geht's noch mal genau los?

Etwa ein halbes Jahr wollte ich voll stillen, so hatte ich mir das anfangs überlegt. Weiter kam ich noch gar nicht mit meinen Überlegungen, denn, so stellte ich fest, es war ebenso schwierig wie auch sinnlos, hypothetische Hochrechnungen in Sachen Zukunftsprognostik mit und für Karline zu betreiben.

Eine sehr lehrreiche Erfahrung für eine fanatische und akribische Planerin, wie ich es vor ihrer Ankunft in meinem Leben war: Viele Dinge ließen sich auf einmal gar nicht mehr so einfach vorausberechnen, weil die Variable »Tochter mit eigenem Willen und unbekannter Tagesform« die Gleichung oft in ungeahnte Richtung auflöste, um mal ein etwas holpriges mathematisches Bild zu bemühen.

Falls Ihnen das allzu theoretisch klingt – was ich meine, erklärt vielleicht ein Beispiel besser:

Ich verbrachte Stunden mit den Überlegungen zu unserem ersten gemeinsamen Flug, den wir antraten, als sie 3 Monate alt war.

Würde sie laut weinen, schreien, toben, an den Nervenenden der anderen Passagiere zerren, wie unzählige Kinder es zuvor getan hatten? Ich packte sorgfältig (und selbstverständlich einhändig entnehmbar!) bunte Rasseln und Kuschelspielzeug in meine Bordtasche, verschob sanft unsere Stilltermine im ersten Teil des Tages, auf dass sie beim Start auch wirklich Hunger habe, machte mich schon gefasst auf eine Stunde leises Dauersingen zur Beruhigung – und stellte amüsiert fest, dass mein Kind, kaum dass wir ordnungsgemäß verstaut und angeschnallt waren, in aller ihr innewohnenden Seelenruhe und gegen jeglichen vermutbaren Tagesrhythmus auf meinem Arm … einschlief. Wir rollten, hoben ab, flogen, landeten – und mein Mädchen schlug am Flughafen München beim Aussteigen aus der Maschine quietschfidel wieder die Augen auf.

Ich könnte jetzt noch von unserem ersten feierlich angedachten, aber dann in der praktischen Durchführung erstaunlich verheulten Spielplatz- bzw. Sandkistenbesuch erzählen (»Was ist das für eine seltsame Substanz, in der ich hier sitzen muss, eine Frechheit, außerdem sind meine Hände jetzt damit versaut und schmecken tut's auch nicht. Kann mich hier bitte wieder jemand herausholen? Sofort, wenn's beliebt? Und nehmt gefälligst diese bunten Plastiksachen weg – damit haut man sich das verdammte Zeug ja nur noch in die Augen!«), aber das gehört in ein anderes Buch.

Wovon ich eigentlich schreiben wollte: der gefühlt richtige Zeitpunkt für die Beikost- oder besser Nahrungseinführung.

Wie wir auf den vorhergehenden Seiten ausführlich beschrieben haben, hängt die ganze Sache sehr von Ihrem Kind und seinem Interesse daran ab – vorausgesetzt natürlich, die gesamte Vorgehensweise passt überhaupt in Ihr Leben und Ihren eigenen Zeitplan. Denn der Faktor des Zeitlassens, Ihrem Kind und sich selbst, ist einer der entscheidendsten.

Karline war mit 10 Monaten abgestillt, ernsthaft auf ganze Stillmahlzeiten verzichtet (ergo entsprechend viel gegessen) hat sie erst mit etwa 9 Monaten, aber dann ging alles auf einmal ganz schnell. Genau nachzulesen ist dies ja in meinen Tagebucheintragungen (siehe S. 87 ff.).

Ich hatte den Eindruck, dass es bei ihr z. B. gar nicht so einfach möglich gewesen wäre, unterwegs noch den Kurs zu wechseln, also auf herkömmliche Weise »zufütternd« Stillmahlzeiten zu ersetzen – zumindest nicht ohne ein paar Tage schlechter Laune. Denn die breiige Konsistenz im Mund, die auf einmal mit dem Löffel hineinbefördert wurde und sich von der Zunge auch gar nicht so richtig »weiterbehandeln« ließ, sagte meinem Kind überhaupt nicht zu.

Sie sollten sich also darüber im Klaren sein, dass Sie, sollten Sie sich für das Abenteuer-Experiment entscheiden, zwar die grundsätzliche Richtung vorgeben, aber nicht bestimmen können, wann genau Sie es wieder beenden werden.

Aus welcher Richtung auch immer Sie kommen – wichtig ist einmal mehr, dass Sie, einmal entschieden, darauf vertrauen, mit Ihrem Kind nun auch den richtigen und für Sie und Ihr Leben passenden Weg weiterzugehen – wenn Sie das ausstrahlen, wird Ihr Spross das sicherlich spüren und mitziehen, so pathetisch das klingt!

# Was brauche ich alles?

## Zuerst die Ausrüstung …

Die ganze Sache steht und fällt mit den richtigen Grundbedingungen, das ist zumindest mein persönlicher Eindruck.

Für die allerersten physikalischen Experimente mit diesen lustig zermatsch- und werfbaren Dingen, die die Großen wohl Essen nennen, eignet sich die Auf-dem-Schoß-Variante ganz hervorragend. Vor allem auch, um herauszufinden, ob diese abenteuerliche Vorgehensweise dem potenziellen kleinen Forscher überhaupt genehm wäre.

In unserem, oder vielmehr in Karlines Fall, stellte sich ja sehr schnell heraus, dass sie große Freude an der Sache hatte, sodass wir, wie bereits erwähnt, schnell auf einen eigenen Hochstuhl umschwenkten.

Hierfür bietet sich dann ein gemütlicher, nach allen Seiten möglichst umfassend abstützender Kinderstuhl mit eigenem Tisch an, und zwar im Idealfall mit einem, der abnehmbar und damit leicht zu säubern ist.

Auch beim restlichen Stuhl ist diese Säuberungskomponente ein ernst zu nehmender Faktor – beim eventuellen Auspolstern des Stuhles, um ihn bequemer zu machen, empfehle ich aus Erfahrung, auf Kissenbezüge aus Omas Aussteuer zu verzichten, es sei denn, sie vertragen eine tägliche 60-Grad-Wäsche.

Das Ausmaß der jeweiligen Sauerei folgt übrigens keiner Logik, verhält sich auch nicht proportional zur Farbintensität oder Flüssigkeit der angebotenen Nahrung – Sie werden erleben, dass Ihr Kind an manchen Tagen souverän eine große Schüssel

Nudeln mit Tomatensoße ohne Kollateralschäden in sich hineinfüllt, an anderen aber eine halbe Banane derart nachhaltig in den Cordbezug der Seitenkissen seines Stuhls und darüber hinaus noch auf den Schultern seines Lieblingsshirts verteilt, dass Sie die originalen Stoffe darunter nur noch mit Mühe wiedererkennen.

An dieser Stelle scheint mir auch der Hinweis auf Gallseife sehr passend – ich habe damit eigentlich durchweg erfreuliche Erfahrungen gemacht.

Auf die Gefahr hin, dass uns eine Kooperation mit Ikea unterstellt wird (was definitiv nicht der Fall ist – eventuelle Ideen für eine solche, liebe Schwedenmöbel-Lieferanten, tragen Sie bitte an unseren Verlag heran …) – der »Antilop« ist ein günstiges Hochstuhl-Einsteigermodell, über dessen Kauf Sie sich, sollte Ihr Nachwuchs sich überhaupt nicht fürs Selberessen begeistern, auch nicht allzu doll ärgern werden – zum Zeitpunkt der Drucklegung lag der Preis mit Tablett bei 15,99 Euro und er wurde bei Stiftung Warentest in Sachen Haltbarkeit, Handhabung und Sicherheit »gut« getestet.

Wir selbst hatten schon vorher einen Hochstuhl aus Holz angeschafft, dann aber, als uns klar war, wie wir vorgehen wollen, für die erste Zeit zusätzlich noch den »Antilop« in unserer Küche willkommen geheißen, und diese Entscheidung zahlte sich aus: Durch den praktischerweise erhöhten Rand am Tisch sind auch soßenreiche Gerichte zumindest ein bisschen eingedämmt, und erste Greifübungen mit flutschigem Gemüse werden etwas vereinfacht, weil das Zielobjekt nicht so gut flüchten kann.

Und spätestens hier kann man eine weitere Notwendigkeit schlussfolgern: eine Auffangvorrichtung auf dem Boden unter dem Stuhl.

Ich persönlich habe mich für ein großes altes Handtuch entschieden, Eva empfiehlt gerne den Duschvorhang, ich habe auch schon von alten Zeitungen gehört, die man dann praktischerweise hinterher gleich mit wegwerfen kann – wichtig ist letzten Endes nur, dass Sie sich das Hinterher-Aufräumen so einfach und effizient wie möglich machen, um schlechte Laune zu vermeiden.

Gehen Sie hierbei von einem Vorgang aus, den Sie vollkommen automatisiert und mechanisch verinnerlicht innerhalb weniger Minuten ausführen können sollten – zum einen, weil Ihr Nachwuchs, kaum wieder auf dem Boden, sonst sicherlich sofort und tatkräftig mithelfen möchte, die Reste einzusammeln und im Zweifelsfall irgendwo anders zu verstecken, zum anderen, weil Sie diese Tätigkeit in den kommenden Monaten einige Hundert Mal hinter sich bringen müssen.

## Hebammen-Tipp

Achten Sie darauf, dass die »Bodenabdeckung« sauber ist, so können Sie die runtergeworfenen Stücke Ihrem Kind noch mal anbieten. Sie brauchen übrigens keine Essteller für Ihren Versuchsaufbau – alles, was Sie darauf servieren, wird Ihr Kind ohnehin blitzartig auf dem Tisch (und auf sich) verteilen. Einzig für Joghurt, Suppen oder ähnliche Konsistenzen empfiehlt sich eine Kunststoff-Schale mit Saugnapf. Alles bewegliche Geschirr wird sehr schnell und verlässlich Schwerkraft-Experimenten unterzogen, die wiederum mehr Nacharbeit bedingen.

Apropos Nacharbeit. Sie werden Ihr Kind nach fast jeder Sitzung einer großzügigen Säuberung unterziehen müssen, so viel steht fest.

Sie ersparen sich aber eine Menge Nervenmaterial, wenn Sie darauf achten, dass Sie Ihrem Nachwuchs zu den Essenszeiten nicht die schicksten oder empfindlichsten Kleidungsstücke anziehen, bei denen Sie sich über Flecken ärgern würden – Ihre eventuell auch nur minimal spürbare Angespanntheit diesbezüglich schmälert die Laune aller.

Wenn es warm ist, lassen Sie Ihr Kind einfach in der Windel essen – eine anschließende vergnügte Ganzkörperreinigung in der Badewanne oder Dusche geht auch schneller, als man denkt.

Es gibt auch sehr praktische abwaschbare Lätzchen mit langen Armen – hierbei ist allerdings darauf zu achten, dass Ihr Kind genügend Bewegungsspielraum hat und alles Angebotene auf dem Tisch gut erreichen kann, ohne sich zu verheddern oder gar eingeengt zu fühlen.

Sehr sachdienlich ist ein in jedem Moment für Sie greifbarer feuchter Lappen – allerdings sollten Sie sich während des Essens mit Aufräumarbeiten bremsen.

Ich habe festgestellt, dass es Karline eher verunsicherte, wenn sie das Gefühl hatte, »zu schmutzen« oder gar etwas nicht nach meiner Vorstellung zu machen, und so fühlt es sich ja leicht an, wenn fortwährend schadensbegrenzende Maßnahmen an einem vollführt werden, während man versucht, Spaß zu haben.

Natürlich wird es auch Tage geben, an denen alles schnell und möglichst ohne Sauerei vonstattengehen muss, und dann ist es auch vollkommen legitim, zwischendurch säubernd einzugreifen, um Schlimmeres zu vermeiden – ich für meinen Teil lernte meine persönliche Toleranzgrenze recht spontan kennen, als mein Mädchen in einem Restaurant auf meinem Schoß (beigefarbene Hose!) von meinem Rote-Bete-Salat naschte.

Zuletzt wäre noch ein geeignetes Trinkgefäß zu erwähnen. Wir hatten einen hübschen knallroten Doppelgriffbecher angeschafft, der Karline sehr begeisterte. Hauptsächlich angetan war sie nach meiner Auffassung auch hier von der Tatsache, dass sie sich selbst und ganz allein etwas zu trinken nehmen konnte – genau wie die anderen am Tisch.

Und sie lernte auch erstaunlich schnell mit der Tasse umzugehen: Nachdem der Beweis für den proportionalen Zusammenhang von Neigungswinkel und auslaufender Menge Wasser in den ersten Tagen noch häufig erbracht werden musste, glaubte sie danach offensichtlich dem Ergebnis ihrer physikalischen Versuche und trank verlässlich ohne nennenswerte Verschüttung, es sei denn, wir hatten ihr aus Versehen zu viel eingeschenkt …

Natürlich ist auch eine Trinklern- oder Schnabeltasse völlig legitim, vielleicht haben Sie eine solche ja schon geschenkt bekommen oder angeschafft.

Sollten Sie allerdings noch über die Anschaffung nachdenken, so möchte ich Ihnen ausdrücklich ein Trinkgefäß mit herkömmlicher Öffnung ans Herz legen – kann Ihr Kind nämlich daraus trinken, können Sie ihm jederzeit und überall (Stichwort: auswärts essen!) etwas zu trinken anbieten (z. B. auch aus einer unterwegs gekauften Flasche Wasser, sehr praktisch, siehe S. 80 ff.), andernfalls werden Sie darauf angewiesen sein, Ihren speziellen Becher immer mitzunehmen.

Der Vorteil bei einer Doppelhenkeltasse besteht darin, dass es eine hohe Erfolgsquote bei ersten, je nach Einstiegsalter noch recht grobmotorischen Greifversuchen gibt – sicher wird Ihr Kind aber auch schnell lernen, mit einem kleinen, dickwandigen Glas oder Becher ohne Henkel umzugehen.

# Hebammen-Tipp

Zahnärzte/Innen empfehlen, Trinklerngefäße (»Schnabeltasse«, »Trinklerntasse«) gar nicht oder nur über 4–6 Wochen vor Ablauf des 1. Lebensjahres zu verwenden, um Kiefer und Zahnfehlstellungen vorzubeugen.[36] Sobald Ihr Kind mit der Beikost beginnen möchte, bieten Sie ihm Wasser aus einem kleinen unzerbrechlichen Becher ohne Mundstück (mit oder ohne Henkel) oder einem dickwandigen Glas an – es darf nicht zerbrechen, wenn das Kind mal kräftig mit dem Kiefer zubeißt! Sie können auch einen Plastik-Eierbecher oder auch Deckel von Fläschchen verwenden, Hauptsache, Ihr Kind kann sich damit nicht verletzen!

Ziel ist es, dass Ihr Kind das sogenannte »gaumengerichtete Schlucken« lernt, dafür sind Schnabeltassen = Trinklerntassen (egal ob mit oder ohne Auslaufschutzventil, harter oder weicher Schnabel) nicht geeignet.

Beim korrekten Schlucken hat die Zunge nur mit dem Gaumen Kontakt. Wenn die Zunge aber nicht an den Gaumen kann, weil der Schnabel der Trinklernflasche (oder der Schnuller) im Weg ist, bleibt die Zunge unten und übt Druck auf die Zähne aus. Dadurch kann es zu Zahn- und Kieferfehlstellungen kommen.

Durch das Trinken aus einem offenen Gefäß kann zudem auch Karies vorgebeugt werden, da »Dauernuckeln« nicht möglich ist (siehe S. 82). Es wird zwar einige Zeit brauchen, bis Ihr Kind ohne größere Überschwemmung aus einem Becher trinken kann, aber es lohnt sich! Abgesehen davon hat Ihr Kind hoffentlich sehr viel Spaß dabei, aus dem gleichen Gefäß zu trinken wie die Großen!

Aus Gründen der Übersichtlichkeit fassen wir also noch einmal die sinnvollen Ausrüstungsgegenstände zusammen:

○ Hochstuhl, idealerweise mit abnehmbarem Tisch
○ Auffangvorrichtung unter dem »Arbeitsplatz«
○ Lätzchen oder beschmutzbare Kleidung
○ Saugnapf-Schale für Flüssiges
○ feuchter Lappen oder Küchenrolle in greifbarer Nähe
○ geeignetes Trinkgefäß

## Des Weiteren brauchen Sie …

… gute Nerven, ein gerüttelt Maß an innerer Abgebrühtheit, Fantasie, Experimentierfreude und ausreichend Zeit.

Auch wenn wir uns an diesem Punkt oft wiederholen – die notwendige Grundlage ist tatsächlich, dass Sie sich selbst und Ihrem Kind den möglichen Freiraum dafür geben können, dass diese Angelegenheit nicht innerhalb von ein paar Wochen zu regeln ist.

Es darf Sie nicht stören, dass Sie unterwegs scheinbar »überholt« (schreckliches Wort, aber so fühlt es sich ja leider oft an in der »Eltern-Welt«) werden und gleichzeitige Brei-Starter vielleicht nach 2 oder 3 Monaten schon durch sind mit dem Thema Milch, während Sie sich noch fragen, wie und wann Sie endlich merken, dass Ihr Kind weniger trinkt und mehr isst. Aber hier kommen die guten Nachrichten:

Was Sie **nicht** brauchen:

○ für Ihr Kind etwas anderes zu kochen
○ einen Gläschenwärmer anzuschaffen
○ Gläschen für unterwegs einzupacken und mit herumzuschleppen
○ in Restaurants jemanden zu bitten, etwas für Sie aufzuwärmen
○ besorgt zu sein, ob Ihr Kind genug gegessen hat – das merkt es ja zum Glück selbst!

Ganz wichtig:
vor dem Ess-Erlebnis Hände
waschen!! Man will ja mit
sauberem Besteck essen,
erst recht, wenn das Besteck
direkt am Körper angebracht
ist!

Ich habe Karline zum Händewaschen der Einfachheit halber immer, sicher unter einen Arm geklemmt, über das Waschbecken gehalten (später dann, mit zunehmender Körpermasse, noch mit einem Knie von unten abgestützt!) und mit der freien Hand die Pfoten ordnungsgemäß gesäubert, aber natürlich kann man auch direkt am Platz mit einem Waschlappen oder Haushaltspapier operieren.

# Wie hätten Sie's denn gerne? – Zubereitungen und Darreichungsformen

Grundsätzlich hängt natürlich auch hier alles davon ab, mit wie viel Zeit und Experimentierbereitschaft Sie an die Sache herangehen.

Ich persönlich habe ein ganzes Jahr Elternzeit genommen und generell bereitet mir Kochen große Freude. So entwickelte ich schnell den Ehrgeiz, Gerichte zuzubereiten, die sowohl für Karline leicht zu handhaben als auch hinreichend fantasievoll zusammengestellt und gewürzt waren, um uns nicht das Gefühl zu geben, wir müssten aufgrund unseres Feldversuches gourmettechnisch zurückstecken.

Einmal in die Materie eingedacht, stellte ich fest, dass nach meiner Auffassung eigentlich nur zwei Maßgaben wirklich wichtig waren: Erstens mussten sich die einzelnen Bissen oder Stücke mit der Zunge am Gaumen zerdrücken bzw. auch unzerkaut schlucken lassen – für den Fall, dass sich das Kind überschätzt und die Gesamtmenge einer Mundfüllung ohne weitere Bearbeitung die Kehle hinunterschickt, was bei unserem Mädchen eine Zeit lang der Fall war (sie schien auf eine Zirkuskarriere als Eisenschluckerin hinzuarbeiten).

Um Schlimmeres zu vermeiden, begann ich also in einem heroischen Vorkoster-Einsatz, alles Angebotene zuerst selbst meinen Schlund hinunterzubefördern, was mich z. B. schnell dazu brachte, Fusilli oder auch Penne einmal in der Mitte zu zerteilen.

Und zweitens wollte ich Karline nicht von Anfang an allzu scharfe Speisen präsentieren, weil ich es für wünschenswert hielt, dass sich ihr Geschmacksempfinden detailliert und punktgenau entwickelt – und bei starker Schärfe kann man ja meist den Rest nicht mehr so gut herausschmecken, finde ich zumindest.

Ich stellte also fest, dass man, ohne auf geschmacklichen »Wums« (ich denke, Sie wissen, was ich meine!?) zu verzichten, hervorragend mit Muskatnuss, Piment, Kardamom, Kumin oder süßem Paprikapulver, um nur einige meiner Favoriten aufzuzählen, würzen kann. Pfeffer, andere Schärfe und auch allzu viel Salz (siehe S. 114 ff.) stellte ich fürs Erste hintenan.

## Hebammen-Tipp

Frische Kräuter – warum nicht! Beispielsweise Koriander, Basilikum, Petersilie – diese enthalten u. a. Vitamin C und Mineralstoffe.

Je nach Alter des Kindes die Blätter möglichst klein schneiden, damit die Teilchen nicht unangenehm am Gaumen oder im Rachen kleben bleiben.

# Hebammen-Tipp

**Die Deutsche Gesellschaft für Ernährung (DGE)** und das **Netzwerk Junge Familie** empfehlen im ersten Lebensjahr große Zurückhaltung beim Salzen, bzw. ganz darauf zu verzichten.[37]

Zu viel Salz (besonders das Natrium aus dem NaCl) ist nicht gut für die Nieren, es kann sogar zu nachhaltig erhöhtem Blutdruck beim Kind führen.[38] Außerdem kann Ihr Kind so unterschiedliche Nahrungsmittel pur im Geschmack kennenlernen. Nicht zu vergessen ist, dass in verschiedenen Nahrungsmitteln wie z.B. Brot, Fleisch, Gemüse, Obst und Milchprodukten sowieso Salz (bzw. Natrium) enthalten ist. Selbst in Muttermilch ist Natrium: 10 mg/100 ml[39], in Pre- und 1er-Milch: 20 mg/100 ml[40], in Kuhmilch: 45 mg/100 ml[41]. Das Britische Gesundheitsministerium empfiehlt ebenfalls, nicht zu salzen, es werden aber Tages-Obergrenzen angegeben:

0–12 Monate max. 1 g Salz (= 400 mg Natrium)

1–3 Jahre max. 2 g Salz (= 800 mg Natrium)[42]

Sie können jedoch gerne das Nudelkochwasser salzen und Ihrem Kind auch ab und zu zum »Würzen« (und um den Geschmack zu vollenden) oder als »Mörtel« (siehe S. 118) ein wenig Käse ins Essen geben. (Vielleicht anfangs nicht unbedingt täglich Riesenmengen, denn Käse ist salzig – aber er enthält auch viel Kalzium und andere Mineralstoffe, Eiweiß und Vitamine.) Salzen Sie zu Hause nicht, aber wenn Sie auswärts essen, lassen Sie Ihr Kind ruhig teilhaben.

Bitte achten Sie beim Kauf von Gläschen auf das Kleingedruckte! Salz, Zucker und Zuckerersatzstoffe wie Glucose, Dextrose usw. sind nicht notwendig.

Scharfes lieber erst um den ersten Geburtstag herum anbieten – aber das soll keine Vorschrift sein! Bereiten Sie sicherheitshalber Ihr Kind ein wenig darauf vor, dass etwas »Neues« in seinem Mund passieren wird, und seien Sie auf alles gefasst, auch dass Ihr Kind genau davon mehr verlangt!

Was mir sehr geholfen hat – wiegen Sie, wenn Sie eine grammge-
naue Küchenwaage besitzen, doch mal ein Gramm Salz ab – es ist
viel mehr, als man gemeinhin denkt. Ich selbst hatte, als ich das sah,
das Gefühl, selbst nie und nimmer so viel Salz an einem Tag zu mir
zu nehmen.

## Natriumgehalt in Lebensmitteln[43]

(Der essbare Anteil von 100 g verzehrfertigem Lebensmittel enthält)

| Getreide und Getreideprodukte | | Kartoffel | 3 mg |
|---|---|---|---|
| Baguette | 730 mg | Kürbis | 3 mg |
| Brötchen | 530 mg | Möhre (Karotte) | 60 mg |
| Haferflocken | 5 mg | Pastinake | 8 mg |
| Hirse | 3 mg | Rote Bete | 60 mg |
| Knäckebrot, Roggen | 580 mg | Süßkartoffel | 4 mg |
| Knäckebrot, Weizen | 670 mg | Tomate | 3 mg |
| Nudeln (eifrei) | 15 mg | Zucchini | 3 mg |
| Roggenmischbrot | 535 mg | | |
| Weizentoast | 540 mg | **Käse und Ei** | |
| | | Appenzeller (50 % Fett i.Tr.) | 620 mg |
| **Obst** | | Brie (50 % Fett i.Tr.) | 630 mg |
| Apfel | 1 mg | Camembert (30 % Fett i.Tr.) | 670 mg |
| Avocado | 3 mg | Edamer (30 % Fett i.Tr.) | 510 mg |
| Banane | 1 mg | Gouda (40 % Fett i.Tr.) | 1.090 mg |
| Birne | 2 mg | Parmesan (45 % Fett i.Tr.) | 840 mg |
| Honigmelone | 20 mg | Scheiblettenkäse (20 % Fett i.Tr.) | 1.200 mg |
| Mango | 5 mg | Hühnerei | 145 mg |
| Orange (Apfelsine) | 1 mg | | |
| Olive grün, mariniert | 2.100 mg | **Fleisch** | |
| Wassermelone | 1 mg | Lammkotelett | 90 mg |
| | | Kalb, mager | 90 mg |
| **Gemüse** | | Rinderfilet | 40 mg |
| Blumenkohl | 15 mg | Schweinefilet | 75 mg |
| Brokkoli | 20 mg | | |
| Fenchel, Knolle | 25 mg | | |

## Natriumgehalt in Lebensmitteln[4·3]

(Der essbare Anteil von 100 g verzehrfertigem Lebensmittel enthält)

| Fisch | | Öle | |
|---|---|---|---|
| Hering | 120 mg | Leinöl | 1 mg |
| Karpfen | 30 mg | Olivenöl | 1 mg |
| Lachs | 60 mg | Rapsöl | 2 mg |
| Makrele | 80 mg | | |
| Scholle | 105 mg | **Milch** | |
| | | Kuhmilch (3,5 % Fett) | 45 mg |
| | | Muttermilch | 10 mg |

Wenn Sie also vorhaben, selbst zu kochen: Am tollsten ist es für Ihr Kind, wenn es das Gefühl hat, genau dasselbe zu essen wie sie.

Sollte es Sie allerdings spontan nach Innereien oder ähnlich Ungeeignetem gelüsten – dann bereiten Sie dazu einfach brauchbare Beilagen, von denen Sie Ihrem Kind etwas abgeben können.

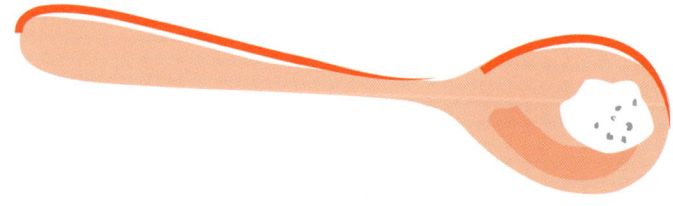

# Hebammen-Tipp

- Versuchen Sie, beim Kochen möglichst frische Zutaten zu verwenden. Kaufen Sie Saisonales, vielleicht sogar einheimisches Obst und Gemüse, das möglichst nicht behandelt ist. Tiefgekühltes Obst und Gemüse (pur, ohne Sauce, Zucker etc.) ist in Ordnung. Durch die Kälte werden die Nährstoffe und Vitamine konserviert und werden erst nach langer Zeit weniger – ganz im Gegensatz zu Dosen.
- Mit einem Gareinsatz (oder Dampfgarer) wird das Gemüse schonend gekocht, behält auf diese Weise viele Nährstoffe und Vitamine und schmeckt aromatischer als vollständig im Wasser gekocht.
- Gute Idee: Risotto-Reis oder »Reismilch-Reis« (Milchreis mit Wasser statt Milch gekocht). Pappt auch prima zusammen!

Etwas gedünstetes Gemüse ist immer eine gute Trainings-Idee. Es empfiehlt sich, sollten Sie so etwas noch nicht Ihr Eigentum nennen, einen Dampfgar-Einsatz für einen normalen Topf anzuschaffen – sehr praktisch und preisgünstig sind die asiatischen Bambuskörbchen, die es in jedem Asia-Supermarkt gibt.

Mit etwas kochendem Wasser oder Brühe auf dem Topfboden können Sie so in wenigen Minuten gut greifbare (Stichwort: »Pommes-Größe«) Gemüse-Stücke jeglicher Couleur zubereiten.

Was die Kohlenhydrate angeht: Gut für erste Motorik-Übungen sind natürlich Nudeln. Aber auch Polenta eignet sich ganz ausgezeichnet – man kann die gestockte Masse nach kurzem Abkühlen in fischstäbchenförmige Stücke schneiden.

Hat Ihr Kind schon einen eigenen »Arbeitsplatz« und verfügt dieser über einen Rand (oder aber Sie über Nerven aus Drahtseil), können Sie ruhig auch Reis mit etwas Soße anbieten – den kann man mit den Fingerspitzen und vor allem mit etwas Übung wunderbar zu kleinen Klümpchen formen. Etwas Parmesan darin kann man hier gezielt als eine Art Mörtel einsetzen.

Sollten Sie sich entschieden haben, Ihr Kind als carnivores (also Fleisch verzehrendes) Wesen zu erziehen, spricht nichts dagegen, ihm beispielsweise in Streifen geschnittenes Rinderfilet (aber in diesem Fall durchgebraten), sorgsam ausgelöste Hähnchenschenkel – oder auch Hackfleisch zu offerieren.

Buletten, Frikadellen oder wie auch immer Sie sie nennen mögen, lassen sich ebenfalls fantastisch von Babyhand in babymundgerechte Portionen zerkleinern. Hier sollten Sie allerdings darauf achten, dass diese nicht zu stark und damit schon zu dunkel angebraten sind.

**Kurzum**: Alles, was sich gut mit der Handfläche erwischen und bändigen lässt (der Pinzettengriff entwickelt sich ja erst im Laufe des Experiments – am Anfang wird ja meist noch etwas ineffizient mit der ganzen Patschehand gegriffen – das sogenannte palmare Greifen), können Sie Ihrem Nachwuchs ungerührt anbieten – so, wie es eben in Ihren Alltag passt.

# Die Entscheidungsfreiheit aller Beteiligten berücksichtigen

In den ersten Wochen habe ich z.B. immer nur dann, wenn genug Zeit vorhanden war und ich die nötige Muße hatte, Karline feste Nahrung angeboten. Mussten wir dagegen um 9h früh zu einem Arzttermin oder waren wir mittags (bzw. zum Zeitpunkt einer normalerweise vorgesehenen Mahlzeit) gemeinsam unterwegs, und es gab aus irgendeinem Grund für sie nichts Passendes, war klar, dass ich es dann in diesen Momenten einfach bei unserer normalen Stillrunde beließ.

## Hebammen-Tipp

Egal ob Brei oder Fingerfood, im 2. Lebens-Halbjahr und besonders zu Beginn der Beikost soll Muttermilch oder Ersatzmilch immer noch die Hauptnahrung für Ihr Baby sein. Zusätzlich und ergänzend zur Milch wird noch andere Nahrung angeboten. Langsam wird sich die Menge der gegessenen Nahrung steigern und dadurch der Bedarf an Milch sinken. Trotzdem bleibt die Milch bis zum 1. Geburtstag (oft auch länger) ein wichtiger Bestandteil der Ernährung.

Das besonders Angenehme an diesem Weg war für mich die Entscheidungsfreiheit aller Beteiligten – mal hatte mein Mädchen einen rechtschaffenen Scheunendrescher-Appetit und wollte raue Mengen vertilgen, mal mochte sie überhaupt nicht experimentieren und hantierte nur lustlos mit dem Stück Toastbrot oder Möhre herum. Dann war klar, heute wird vermehrt gestillt.

(Insbesondere natürlich bei kränkelnder Konstitution und Zahnungsproblemen, hier, denke ich, geht auch bei »Löffelkindern« die Toleranz schnell stiften – wer krank und quengelig ist, will in Ruhe kuscheln und nah bei Mama sein und gefälligst alles beim Alten belassen, weg mit diesen neuen und viel zu aufregenden Vorgängen!)

Teilweise hatten wir auch unterwegs wieder komplette Stilltage.

# Hebammen-Tipp

Zahnende oder kranke Kinder (je nach Symptomen bitte beim Kinderarzt vorstellig werden!) sind eher appetitlos und wollen dann nur noch angekuschelt eine Milchflasche trinken oder gestillt werden: Die Milch ist leicht verdaulich und leicht zu kriegen – ganz im Gegensatz zum Fingerfood oder Brei. Kein Wunder: Wenn wir mit einer Grippe im Bett liegen, wollen wir auch keinen Schweinsbraten mit Sauerkraut und Knödeln essen, sondern – wenn überhaupt – leicht Verdauliches.

Sollten Sie wegen Ihrer Milchmenge Bedenken haben, möchte ich Sie beruhigen: Durch häufiges Anlegen – und das wird Ihr Kind ziemlich sicher gerne mitmachen, wenn nicht sogar einfordern – können Sie die Milchproduktion gut anregen und fördern. Wenn Sie nicht stillen: Pre-Milch wird nach Bedarf gegeben. Nach überstandener Erkrankung wird Ihr Kind allmählich oder schnell wieder Interesse am Essen zeigen!

**Ich betone wiederum**: Eine möglichst schwer zu erschütternde innere Ruhe war bei meiner Vorgehensweise die Voraussetzung – wenn Sie genötigt sind, innerhalb eines vorgegebenen und obendrein noch knappen Zeitrahmens abzustillen (siehe S. 75 ff.), verstehe ich natürlich, wenn Sie jetzt eine oder gar mehrere Augenbrauen gen Haaransatz bewegen.

Natürlich wusste ich bei meiner Entscheidung für feste Nahrung nicht, ob Karline dieser Weg auch zusagen würde – und habe ja auch unterwegs das ein oder andere Mal gezweifelt (siehe Tagebuch). Daher hatte ich gedanklich auch immer ein Hintertürchen in Richtung konventionellem Weg geöffnet oder zumindest angelehnt gelassen. Und eines war mir vorher klar: Bis zum 1. Geburtstag hatte ich uns Zeit eingeräumt, um mit dem Stillen abzuschließen.

Da nun ja bei uns mit gut 9 Monaten schon nur mehr drei Stillmahlzeiten übrig geblieben waren, musste ich mir diesbezüglich keine Gedanken machen, kann also im Nachhinein nur hypothetisch beleuchten, wie es mir ergangen wäre – wahrscheinlich hätte ich dann versucht, Still- durch Flaschenmahlzeiten mit Pre-Milch zu ersetzen.

»Echtes Wissen ist Erkenntnis aus eigener Erfahrung« las ich neulich auf einem Zettel, der an einer Fußgängerampel hing – und stellte fest, dass diese (innere) Ausrichtung hervorragend zusammenfasst, was ich Ihnen – wie schon erwähnt – gerne vermitteln möchte: Nirgendwo steht wirklich geschrieben, wie die Nahrungseinführung vonstattenzugehen hat – gehen Sie einfach Ihren eigenen Weg, und sobald Sie sich für selbigen entscheiden und hinter dieser Entscheidung stehen, wird Ihr Kind Ihnen gerne folgen!

Weil ich mich gerade vor meinem mal wieder auftauchenden Hobby-Pathos erschrecke, möchte ich präzisieren: Natürlich setzt meine oben formulierte Anregung voraus, dass Sie vernunftgesteuert an die Sache herangehen und Ihnen das Wohl Ihres Nachwuchses am Herzen liegt – sollten Sie an dieser Stelle »Hurra, dann gibt's ab jetzt ausschließlich Fast Food!« ausgerufen haben, kann dies keineswegs der Fall sein!

**Noch mal anders verdeutlicht**: Jegliches dogmatische Regelwerk, das in Sachen Nahrungseinführung strenge Richtungen und Vorgehensweisen vorschreibt, ist meiner Meinung nach unnötig.

Wenn Sie feststellen, dass Ihr Baby zwar morgens enthusiastisch mehrere Butterbrote mümmelt, aber mittags mit Genuss zurückgelehnt einen Fleisch-Gemüse-Brei vom durch Mutti höchstselbst geführten Löffel hapst – wunderbar! Es wird mit Sicherheit keine traumatischen Esserfahrungen davontragen. (Vorher könnten Sie allerdings überprüfen, ob es vielleicht Spaß daran hätte, den Löffel mit Ihnen gemeinsam zu schwingen – es gibt welche mit extra langem Griff, die sich, wenn das Kind weiter vorne greift, vom hinteren Ende aus gut steuern lassen …)

Wichtig und sinnvoll erscheint mir dabei lediglich, darauf zu achten, was für Signale gesendet werden – ist noch Hunger, Appetit, Interesse für die Materie zu verzeichnen? Die »Ein-Löffelchen-für-Überredungs-Methode« finde ich persönlich etwas übergriffig und letztendlich auch ungesund (siehe S. 29 sowie S. 139).

# Jetzt geht's lohooooos …

Es ist so weit, der große Tag ist gekommen, Sie haben sich für das große Abenteuer entschieden. Gut überlegt, was Sie Ihrem Nachwuchs als Erstes anbieten. Sagen wir, ein bisschen Gemüse gedünstet und geschnitzt, Sie sitzen nun zusammen bei einem frühen Abendessen, das Gemüse liegt auf Ihrem Teller, das Kind thront, mit frisch angeschafftem Lätzchen (wir nannten unsere abwaschbare langärmelige Variante zärtlich »Schutzanzug«!) auf Ihrem Schoß, Sie sind furchtbar aufgeregt, vorbereitet, auch auf eventuelles Würgen gefasst, der Fotoapparat ist gezückt, jetzt kann es losgehen, und es passiert … nichts!

Sehen wir der Sache ins Auge: Ihr Kind hat Ihnen zwar nun in den letzten Monaten schon eine Zeit lang beim Essen zugeschaut, aber dass es nun ab jetzt diese bunten Sachen auf Ihrem Teller wirklich selbst bearbeiten darf und vor allem soll, ist ihm noch nicht ansatzweise klar! Geschweige denn, wie Essen funktioniert – aber genau darum geht es ja. Eben diese Erfahrungen und Erfahrungswerte muss es jetzt erst mal in Ruhe sammeln – und braucht dafür Zeit.

Gehen Sie also nicht davon aus, dass beim ersten Vollkontakt mit Nahrung tatsächlich auch nur eine Faser davon die ihr zugedachte Bestimmung erfüllt, den Magen Ihres Kindes zu besuchen – freuen Sie sich vielmehr, wenn es Ihrem Sprössling überhaupt gelingt, ein Stück zu fassen zu bekommen, schwungvoll vom Tisch zu fegen oder vielleicht sogar in Richtung Mund zu bewegen. Das alles sind wichtige anfängliche physikalische Experimente, die es ihm überhaupt erst ermöglichen werden, virtuos eine Erbse oder ähnlich filigranes Stückgut zu verzehren.

Nichts spricht wirklich dagegen, von Anfang an Auswahl anzubieten – allerdings dürfen Sie nicht enttäuscht sein, wenn diese nicht ansatzweise goutiert wird.

Verstehen Sie mich nicht falsch, ich möchte Sie hier nicht desillusionieren – die Unternehmung ist trotzdem extrem aufregend und wird sehr vergnüglich für Sie und Ihr Kind werden, nur ist es besser, fürs Erste nicht zu viel zu erwarten, und vor allem nichts Konkretes.

Umso mehr freuen Sie sich, wenn vielleicht doch gleich in der ersten Runde ein Stück gedünstete Möhre den Weg bis zum Mund gehen darf und mit großen Augen ob der höchst verwunderlichen Substanz gestaunt wird!

Am allerbesten eignet sich wirklich etwas Obst oder Gemüse, bei Ersterem habe ich anfangs (ich bin wie gesagt eher der ängstlichere Mutti-Typ) die Apfel- und Birnenschnitze auch etwas angedünstet, nicht allzu lange, sonst werden sie schnell zu matschig, nur ein kleines bisschen. So nehmen sie in etwa Melonen-Konsistenz an. Diese eignet sich tatsächlich hervorragend für den Erstkontakt: gut greifbar, nicht allzu »flitschig« und leicht mit der Zunge am Gaumen zerdrückbar. Möhren-, Pastinaken- oder vielleicht Kohlrabischnitze, kleine Brokkoli-Röschen, alles gedünstet, sind ebenfalls gute Einsteigerware.

Scheuen Sie sich nicht, von Anfang an experimentell zu werden: Wenn Sie den Eindruck haben, dass Ihr Kind sich gerade wirklich für etwas interessiert, das Sie essen (und Sie selbstverständlich vorher kraft Ihrer Vernunft geprüft haben, ob das eventuell auch einem jungfräulichen Babygaumen zuzumuten wäre – Kirschwasserpralinen oder ungarische Höllenfeuer-Salami etwa wären hier eher ungeeignet), und Sie gerade Zeit genug für eine kurze »Sitzung« haben, bieten Sie ihm ruhig auch ein kleines Stückchen Ihres Käsebrotes an!

# Hebammen-Tipp

Kinder lernen durch Nachahmung, deshalb ist es prima, wenn Ihr Kind bei möglichst vielen Mahlzeiten dabei ist und die Familie beim Essen beobachten kann. Vorerst wird Ihr Kleines mit einem Spielzeug oder Löffel vom Tisch völlig zufrieden sein, irgendwann kommt aber dann der Zeitpunkt, an dem es sich lautstark empört, wenn Sie ihm oder ihr nicht sofort was vom eigenen Teller geben. Lassen Sie sich überraschen, was Ihr Kind damit anstellen wird!

Vielleicht ist es auch 3 Tage lang völlig hingerissen vom Fingerfood, verliert aber am 4. Tag völlig das Interesse. Das macht nichts, bieten Sie ihm weiterhin zwanglos Stückchen an, oder machen Sie eine Pause, wenn Sie frustriert sind. Und wenn es Sie in den Fingern juckt, probieren Sie das Breifüttern aus. Es gibt durchaus immer wieder Kinder, die lieber gefüttert werden, als ihr Essen selbst in die Hände zu nehmen.

Aber Sie werden sehen: Irgendwann wird der Zeitpunkt kommen, an dem Ihr Kind wieder Lust bekommt, die Banane auf dem Tisch zu verschmieren und sich ein Stück in den Mund zu stecken. Es wird Wochen oder Monate konzentriert mit dem Essen spielen, dadurch langsam lernen, wie das Ganze funktioniert … und irgendwann draufkommen: Hey, das macht ja auch satt!

Was Sie sich auch immer wieder vergegenwärtigen sollten: Es ist **alles** furchtbar interessant für Ihr Kind, nicht nur die angebotene Speise als solche, sondern die gesamte Unternehmung. Sehen Sie Ihr Kleines als Physik-Laboranten-Nachwuchs, oder versuchen Sie vielmehr, gesetzt den Fall, dass Ihre Zeit es erlaubt, aus der Draufsicht heraus mal zur Abwechslung in die Wahrnehmungsperspektive Ihres Nachwuchses hineinzuspazieren (ist auch generell eine gute Übung, wenn die Nervenenden anfangen, hektisch zu pochen …): Ist es nicht erstaunlich, dass man diese matschige Substanz sehr wohl bis zum Rand des Tisches schieben kann, und da bleibt sie tatsächlich auch ruhig liegen, aber sobald man sie dann noch etwas weiter schubst, fällt sie tatsächlich in Richtung des Bodens? Unfassbar! Und das macht sie immer wieder, nie, nie, nie fällt sie nach oben!! Woher zur Hölle weiß die Matsche, wo sie hinmuss???

Natürlich ist uns das alles klar, aber solcherlei evidenzbasiertes Wissen muss man sich ja schließlich erst mal erarbeiten. Und darüber hinaus gilt es vielleicht auch zwischendurch einfach mal kurz innezuhalten und die frisch gesammelten Informationen zu überdenken, zu bündeln und irgendwo abzuspeichern!

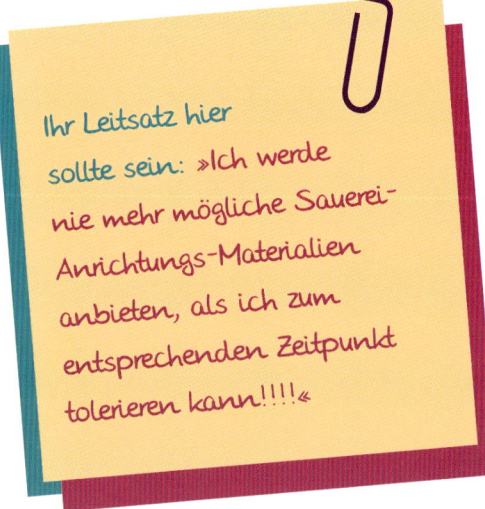

Ihr Leitsatz hier sollte sein: »Ich werde nie mehr mögliche Sauerei-Anrichtungs-Materialien anbieten, als ich zum entsprechenden Zeitpunkt tolerieren kann!!!!«

Wenn Sie in der Nacht davor nicht geschlafen und nach der gemeinsamen Mahlzeit noch einen schwierigen Tag vor sich haben, ist z. B. Porridge zum Selbstlöffeln keine gute Idee für eine schnelle Selbstesser-Runde mit absehbarem Ende, dann tun es zum Frühstück beispielsweise auch kleine Toastbrot-Finger, Reiter oder wie auch immer Sie das nennen, mit Butter oder etwas ungesüßtem Fruchtmus. (Ich habe Karline recht bald schon 100-prozentiges Birnenmus aus dem Babygläschen als »Marmelade« verkauft und mich selbst so mit dem Geschmack angefreundet, dass ich mittlerweile die meisten echten Marmeladen zu süß finde. Heute ist das Kind zusammen mit dem Vater zur klassischen Erdbeer / Himbeer / Waldbeer-Fraktion übergegangen und ich bin die Einzige am Frühstückstisch, die sich noch gerne das Brot mit Babybedarf bestreicht …)

Bieten Sie einfach zu allen Mahlzeiten, bei denen Sie Lust auf Experimente haben, etwas an – mit der Zeit lernen Sie sowohl den Geschmack als auch die Textur-Vorlieben Ihres Kindes besser kennen, und Ihnen werden automatisch immer mehr Speisen einfallen, die Sie offerieren können.

Haben Sie Geduld und planen Sie viel Zeit mit ein. Als ich feststellte, dass Karline häufig erst mal eine Weile brauchte, um in Gang zu kommen und Appetit und Interesse zu entwickeln, nämlich in etwa immer genau so lange, wie ich brauchte, um mich ausreichend zu verköstigen, legte ich am Tisch noch eine Zeitschrift oder etwas zu schreiben parat, und erklärte ihr, dass ich zwar schon fertig sei, sie sich aber gerne noch Zeit lassen könne; ich weiterhin gemütlich bei ihr sitze, aber einfach schon etwas lese oder arbeite. Eine große Tageszeitung zwischen uns auszubreiten oder gar meinen Rechner aufzuklappen hätte ich persönlich in diesem Fall als unhöflich empfunden.

Sie wundern sich, dass ich einem damals vielleicht 8 Monate alten Wesen ausführlich erklärte, dass es in Ruhe weiteressen solle und was ich währenddessen tat?

Falls nicht: gut!

Falls ja: Ich für meinen Teil finde, dass man von Anfang an, und zwar tatsächlich ab Tag 1 nach der Geburt ein Kind als eigenständiges und emotional kompetentes Wesen betrachten sollte und diesem auch selbstverständlich in Sachen Kommunikation genauso viel Respekt entgegenbringen wie jedem anderen ausgewachsenen Menschen auch. Würden Sie einfach wort- und erklärungslos vom Tisch aufstehen, wenn Sie in geselliger Runde mit Ihren Lieben zusammen essen und die anderen noch nicht ansatzweise fertig sind? Eine Erklärung wäre vonnöten, schon alleine aus Anstandsgründen.

Warum sollte das dann nicht auch für einen Säugling gelten? Nur, weil er oder sie selbst noch nicht sprechen kann, heißt das ja noch lange nicht, dass er oder sie Sie nicht versteht, und wenn auch noch nicht im Wortsinn, dann doch zumindest Ihre Haltung zum jeweiligen Thema!

Ein Kind, dem ich ankündige, dass ich es jetzt gleich vom Boden hochhebe, um es auf den Wickeltisch zu befördern, hört meine Stimme, bevor der Körperkontakt erfolgt, erschrickt also nicht, erkennt bald schon die dem Vorgang vorausgehenden und damit praktischerweise zuzuordnenden Sprachlaute, weiß ergo, was ihm gleich widerfährt, und kann sich darauf einstellen.

Indem ich seine Handlungen verbal spiegle (»Du nimmst Deine Finger in den Mund! Jetzt lachst Du mich an«) und selbstverständlich auch die meinen in Worte fasse, ermögliche ich es ihm einerseits, sich selbst als Individuum wahrgenommen zu fühlen (aha, immer, wenn ich so quatschig den Mund aufreiße, reagiert Mama auch so lustig und macht Geräusche, die mir Spaß machen, das merk ich mir, das fühlt sich gut an!), und stelle ihm andererseits Worte anheim, die es nach und nach abspeichern kann (aha, das, was ich da so experimentell betätige und aufreiße, heißt offensichtlich ›Mund‹, und dieses ›Mund‹-Geräusch bezieht sich in der Tat immer genau darauf! Also stecke ich auch die komischen Dinger, die scheinbar ›Finger‹ heißen, in diesen ›Mund‹, ist ja interessant!).

Falls Sie sich schon auf S. 84 f. für meine Ausführungen über Emmi Pikler interessiert haben – diese meine Gedankengänge resultieren maßgeblich aus meiner Beschäftigung mit ihren Theorien und Schriften.

# Wie geht's weiter?

Wie wir in den vorhergehenden Kapiteln bereits aufgezeigt haben, gibt es keinen eindeutigen und stringenten Plan, dem es zu folgen gilt. Alles hängt von Ihnen, Ihrem Kind, Ihrer Zeit und Ihrer Lust auf das Abenteuer ab.

Sie werden unterwegs feststellen, dass es mehrere Kategorien Lebensmittel gibt:

○ hoffentlich solche, die begeistert angenommen und im weiteren Verlauf eine sichere Bank werden – und vor allem dann relevant, wenn Sie vielleicht schon weite Zeiten ohne Stillen bzw. Ersatzmilch durch den Tag marschieren und sicherstellen wollen, dass Ihr Kind sich wirklich satt essen kann (bei uns: Nuuuuuuuudeln! Von Anfang an).

○ sicherlich solche, die ebenfalls begeistert angenommen werden, aber nicht die Hauptversorgung bewerkstelligen können und vor allem auch nicht sollen, süße Früchte beispielsweise oder Zucker- und Salzhaltigeres wie Gewürzgurken, die liebte Karline heiß und innig. Eines Abends fing sie an, uns deutlich zu verstehen zu geben, dass sie jetzt auch berechtigt sei, sich eine Gurke aus dem Glas zu angeln. Wir ließen sie gewähren in der Annahme, dass nur das Abenteuer des Herausfischens spannend für sie sei, sicherlich aber nicht der ja doch eher komplexe Geschmack der sauer eingelegten kleinen Gemüsefreunde – weit gefehlt. Wäre es nach ihr gegangen, so hätte sie an diesem Abend das ganze Glas leer gegessen.

○ solche, die nach der achten Wiedervorlage auf einmal interessant sind (meist genau dann, wenn sie von jemand anderem angeboten werden und Sie diesem Menschen vorher gerade erklärt haben, dass er oder sie damit bei Ihrem Kind überhaupt keinen Eindruck schinden könne).

○ solche, die nur zum Auseinanderbröseln und Spielen benutzt werden.

○ solche, bei denen Sie sich sicher sind, genau den Geschmack Ihres Nachwuchses zu treffen, und sie siegessicher präsentieren – vielleicht sogar etwas aufwendiger zubereitet – und mit denen Sie dann in der Konsequenz überhaupt keinen Stich landen. (Achtung: Hier ist tiefe, wohlgesetzte Bauchatmung empfohlen!!!)

○ überraschenderweise auch solche, die Sie selbst gar nicht mögen! Aber – wer hätte das gedacht – Ihr Kind hat tatsächlich einen eigenständigen Geschmack und ist begeistert davon! (Bei uns: Rosinen! Für mich seit meiner Kindheit vollkommen inakzeptabel, aber Karline konnte und kann seit dem Erstkontakt nicht genug davon bekommen!)

Sie werden relativ schnell ein Gefühl dafür entwickeln, was Sie Ihrem Kind alles anbieten können bzw. wollen. Wenn Sie Lust haben, lassen Sie es ruhig gleich bei allen Mahlzeiten ein wenig teilhaben. Allerdings werden Sie ebenso schnell merken, dass zu einigen Zeitpunkten deutlich mehr Interesse besteht, zu anderen aber die angebotene Ware so gut wie ignoriert wird.

Eine kleine Auswahl von zwei bis drei Komponenten ist für den Anfang völlig ausreichend. Grundsätzlich spricht nichts gegen ein größeres Angebot – jedoch wird es kaum wirklich wahrgenommen werden. Bieten Sie eine überschaubare Menge an Speisen an, ist auch für beide Parteien leichter nachvollzieh- und abspeicherbar, was besonders gut ankam und bald schon wieder serviert werden sollte!

Sieht es so aus, als ob Ihr Nachwuchs sich für etwas begeistert, es aber noch nicht richtig greifen und in den Mund befördern kann, lassen Sie sie/ihn erst eine Weile experimentieren, meist wird ein brauchbarer Weg gefunden, und das Erfolgserlebnis ist äußerst motivierend!

Stellt sich allerdings Frustration ein, überlegen Sie, wie Sie sanft helfen können (oft reicht es, ein flitschiges Stück gedünstete Birne etwas mit dem Finger zu fixieren und es so daran zu hindern, immer wieder aus dem noch wackeligen Babygriff hinauszurutschen). Die sogenannte Frustrationstoleranz ist eine Kunst, die Ihr kleiner Forscher erst unterwegs erlernen bzw. trainieren muss.

Einen guten Grundstein setzen Sie in jedem Fall und auch notwendigerweise, indem Sie nicht gleich bei jedem Schimpfen sofort reagieren und unterstützend einspringen. »Nicht ärgern, sondern Ruhe dewaren« war Karlines erstes Mantra, das sie gerne leise vor sich hin sprach und aus dem recht deutlich die Mutter herauszuhören ist …

Probieren Sie alle Darreichungsformen aus, die Ihnen einfallen, und seien Sie kreativ, was die letztendlichen Aggregatzustände angeht!

Suppe löffeln ist ärgerlich schwierig, aber der Geschmack sehr beliebt? Ein bisschen verflüssigter kann man sie im Zweifelsfall auch aus einem kleinen, dickwandigen Glas oder aus der Doppelhenkeltasse selbst trinken!

Hummus kommt gut an? Schmieren Sie Polenta-Sticks damit, oder servieren Sie schmale Paprika-Streifen als »Besteck«.

Sie wollen mehr Gemüse ins Spiel bringen, aber es wird immer links (oder rechts) liegen gelassen? Rollen Sie klein geschnittenes und gegartes Gemüse in Pfannkuchen ein (Eierkuchen ist, denke ich, die national gültige Bezeichnung – ich rede von flachen, weichen Teiglappen, die Crêpes ähneln, nur dicker!) und schneiden Sie diese Rollen dann in Stücke.

Wie gesagt, es werden Ihnen unterwegs selbst genügend Ideen kommen, was alles und vor allem wie Sie Ihrem Kind Essen anbieten können. Sollte Ihnen der Sinn danach stehen, optional auch mal den gängigen Weg zu beschreiten (vielleicht geht es Ihnen wie mir, die ich irgendwann kurzzeitig Angst hatte, meinem Kind ohne Breigabe etwas Bedeutendes vorzuenthalten): Versuchen Sie auch das!

Und wenn Ihr Kind keine Lust auf »Belöffeltwerden« hat oder vielleicht auch Sie nicht? Einen Getreide-Obst-Brei kann man beispielsweise ebenfalls mit etwas mehr Wasser verflüssigen und ebenfalls als Getränk, sozusagen als Smoothie, anbieten.

Gründe dafür, warum Ihr Baby Ihnen den Eindruck vermitteln könnte, dass es an der ganzen Unternehmung keinen Spaß hat, zeigen wir im übernächsten Kapitel auf.

So nehmen wir also an dieser Stelle einfach als gegeben an, dass Sie nun, nachdem der Anfang gemacht ist, mit Schwung und Fantasie in die ganze Unternehmung starten. Und wünschen Ihnen viel Spaß dabei.

Und, falls Sie noch Energie und ein paar Minuten Ihrer Zeit übrig haben, machen Sie Notizen und / oder Fotos, die erheitern später ungemein. Schon bald werden Sie gar nicht mehr glauben können, dass es tatsächlich möglich ist, ein Stück Zucchini nonchalant mit palmarer Greiftechnik (also, wie gesagt, mit der gesamten, patschigen Handfläche) in den Schlund zu befördern …

# Windel-Wunder-Welt

Anfangs werden die ersten tatsächlich verspeisten Bissen relativ deutlich erkennbar, weil noch nicht wirklich verdaut, wieder am unteren Ende Ihres Kindes auftauchen. (Ist auch eine praktische Kontrollinformation darüber, ob etwas gegessen wurde – anfänglich ist das ja oft gar nicht so klar! Ohne zu explizit zu werden – beim Brei kann man dies nicht so deutlich erkennen, da er sich ja gewissermaßen unauffällig, weil eben breiig, unter die anderen Ausscheidungen mischt!)

Später dann können Sie – mit Verlaub gesagt – staunend zur Kenntnis nehmen, zu welch einem farblichen Schattierungsspektrum dieser kindliche Darm so alles imstande ist. Was ich damit ausdrücken will und was Sie erst dann wirklich verstehen werden, wenn Sie die Materie vor Augen haben: Wundern Sie sich nicht. Das ist völlig normal!

Auch wird sich die Konsistenz der Angelegenheit vielleicht auf einmal ändern. Ich sage bewusst vielleicht, weil es auch sein kann, dass Sie erst einmal weiterhin (und auch immer wieder zwischendurch) auf die übliche, ja eher flüssige Stillstuhlmasse (ein lustiges Wort, wenn ich's recht bedenke!) treffen werden, und auch das überhaupt keinen Anlass zur Sorge darstellt. In der ersten Zeit muss sich der kleine Darm ja erst einmal auf die neuen, noch ungewohnten Lieferungen einstellen und die entsprechenden Aufspaltungs- und Verwertungsmöglichkeiten einrichten. Sie sollten allerdings weiterhin darauf achten, gerade bei eher flüssigen Verdauungsvarianten, die Windel sofort nach der Befüllung zu wechseln, da sonst Wundsein droht.

Eine Sache ändert sich allerdings gewiss: der Geruch. Aber auch hier lohnt es sich einmal mehr, die Dinge positiv zu betrachten: Das bedeutet immerhin, dass Ihr kleines Goldstück sich prächtig entwickelt und schon imstande ist, feste Nahrung angemessen zu verwerten!

# War das wirklich die richtige Idee??

Das werden Sie sich sicherlich häufig fragen – in diesem Bereich, aber auch grundsätzlich in Sachen Kindererziehung und Umgang mit derselben, das ist zumindest meine bisherige Erfahrung. Aber im speziellen Fall gibt es wirklich immer wieder Momente, in denen es gilt, die Entscheidung für diese Vorgehensweise zu überprüfen. Zum einen, weil Ihr Kind immer wieder durch Phasen gehen wird, in denen es den Anschein hat, dass ihm das Selberessen keinen Spaß macht. Zu möglichen Gründen kommen wir gleich. Aber zuerst noch zum unerfreulichen anderen: Weil Sie, das kann ich Ihnen an dieser Stelle ganz offen sagen, ab und zu wahnsinnig genervt sein werden. Weil Sie in bester »Und ewig grüßt das Murmeltier«-Manier gefühlte 18-mal am Tag den Essplatz und den Boden darunter säubern müssen, weil Sie das Gefühl haben werden, dass die ganze Unternehmung stagniert und Sie wahrscheinlich **nie** abstillen bzw. die Flaschennahrung loswerden, weil Sie vielleicht über Tage nicht »das Richtige« anbieten und Ihr Kind nur homöopathische Dosen zu sich nimmt, weil Sie parallel andere Mütter und ihren Nachwuchs erleben werden, die mit stoischem Pragmatismus und mit großem Erfolg Mahlzeit für Mahlzeit ersetzen und Ihnen immer wieder, sollten Sie offen über Ihr Vorhaben sprechen bzw. einiges davon in einer relativen Öffentlichkeit vollführen, erklären werden, dass dieses doch a) ungesund, b) unnötig kompliziert sei oder c) niemals zum Abstillen führen werde.

Jetzt gibt es nach meiner Auffassung zwei mögliche Vorgehensweisen:

Die erste ist, Sie stellen fest, dass Sie sich all das viel zu sehr zu Herzen nehmen, dass Sie das in Ihrer Haltung Ihrem Kind gegenüber widerspiegeln und dass dieses dadurch verunsichert ist, und ändern Ihren Plan, bis Sie wieder gut damit zurechtkommen und damit zufrieden sind. (Hierbei kann es Ihnen allerdings, ich will es erwähnt haben, passieren, dass Ihr Kind Ihnen leider auch nicht den Gefallen tut, bereitwillig vom Löffel zu essen – aber dann haben Sie wenigstens Ihre innere Einstellung überprüft und zumindest einmal versucht, auf konventionelle Weise an die Sache heranzugehen.)

Die zweite ist, Sie schaffen es, einen kühlen Kopf zu bewahren, sagen sich, dass alles nur eine Phase ist, früher oder später vorbeigeht – und machen einfach mit unerschütterlicher Ruhe weiter.

Warum nun also kann es unterwegs den Anschein haben, dass Ihrem Kind die Unternehmung keinen Spaß macht?

- Vielleicht haben Sie zu früh mit der Beikost begonnen, und Ihr Kind interessiert sich noch für nichts anderes als Milch.
- Vielleicht haben Sie den/die Zeitpunkt(e) der Mahlzeit(en) falsch gewählt. Ihr Baby ist eventuell zu hungrig und daher ungeduldig oder zu satt und daher träge. Verschieben Sie probehalber den Abstand zur letzten Still- oder Flaschenmahlzeit. Ist Ihr Kind gar fürs Erste direkt vor oder nach der Milchmahlzeit in Stimmung für motorisch-sensorische Abenteuer? Probieren Sie's einfach aus!
- Vielleicht brütet Ihr Kind gerade eine Erkältung aus oder es zahnt – in solchen Zeiten sinkt, wie bereits erwähnt, verständlicherweise die Toleranzgrenze für Neues …
- Vielleicht durchlebt es gerade einen Wachstums- bzw. Entwicklungsschub – auch in diesem Fall ist es mit dem Interesse an experimenteller Nahrungszufuhr nicht wirklich gut bestellt.

An dieser Stelle möchte ich noch einen für mein persönliches Empfinden essenziellen Buchtipp loswerden. Hetty van de Rijt, Frans X. Plooij: Oje, ich wachse! ist ein wirklich ganz erstaunliches Nachschlagewerk, das einem auf sehr anschauliche Weise hilft, sein Kind und dessen Entwicklung in den ersten 1½ Jahren zu verstehen. Die Autoren erklären sehr schlüssig (und evidenzbasiert – das Ganze fußt auf einer großen und langjährigen Studie), dass die mentale Entwicklung bei Babys in Sprüngen erfolgt und dass es vor jedem dieser Sprünge eine Phase gibt, in der die Kinder »schwierig« scheinen:

sehr weinerlich, unleidlich, ungeduldiger, schlechter schlafend, viel hilfloser und unkoordinierter als noch ein paar Tage vorher, je nach jeweiligem Gemüt. Nach dem Entwicklungsschub hört der ganze Spuk mit einem Mal wieder auf und das Kind hat erstaunliche neue Fähigkeiten erlangt.

Ich selbst durchlief mit diesem Buch auch mehrere Phasen: Erst las ich, weil höchst interessiert und begeistert über diese Informationen, immer schon ein paar Kapitel voraus, wusste also immer in etwa, ab wann uns eventuell ein paar anstrengendere (ergo damals für mich trage- und stillintensivere) Tage erwarteten, und war entsprechend darauf gefasst.

136
137

Die Erklärungen sind sehr plausibel, man kann sehr gut nachvollziehen, warum das Kind kurzzeitig einfach überfordert von der Flut der neuen, zuerst höchst verstörenden Erkenntnisse und/oder Fähigkeiten ist (»Wenn es im Raum wirklich verschieden große Abstände zwischen den Dingen gibt und man die sogar selbst herstellen kann, indem man zu etwas hin- oder von etwas weggeht bzw. -krabbelt, dann kann es ja auch sein, dass Mama auf einmal weg ist, verdammt! Jetzt ist sie einfach so aus dem Zimmer verschwunden, Hilfe! Kommt sie jemals wieder???«), was es wirklich einfacher macht, die damit einhergehenden Launen und Stimmungsschwankungen zu ertragen.

Da sich aber dann bei manchen Sprüngen Karlines Laune gar nicht merklich verschlechterte (wie oben erwähnt, bei jedem Kind äußern sich die Sprünge je nach Gemütslage mal mehr und mal weniger stark), ging ich dazu über, immer nur noch dann nachzuschlagen, wenn ich wirklich das Gefühl hatte, dass bei uns der rhetorisch oft bemühte Wurm im Tages- (und Nacht-) Ordnungs-Gebälk steckt. (Können Sie mir noch folgen? Verzeihen Sie bitte die rumpelige Metapher.) Und siehe da, in den meisten Fällen passte das Verhalten meines Mädchens genau in eins der Zeitfenster eines Wachstumsschubes. (Diese differieren bei allen Kindern handelsüblicherweise immer nur um wenige Wochen.)

○ Vielleicht hat das Essen, das Sie serviert haben, eine zu schwierig handzuhabende Konsistenz. Sehr Kleinteiliges lässt sich ja nur mit dem Pinzettengriff bändigen, und wo manche Gemüter eine Herausforderung sehen, geben andere schnell auf und sind frustriert. Oder mit dem Flüssigkeit-Löffeln klappt's noch nicht? Füllen Sie die Suppe doch in ein Trinkgefäß, oder ein kleines bisschen Wasser zum Joghurt, sodass auch hier schluckweise genossen werden kann (siehe auch S. 108 f.).

Eine weitere Alternative habe ich bereits auf S. 122 erwähnt: Es gibt extralange Babylöffel, bei denen Sie am Ende des Stiels dezent mitnavigieren können und so das Löffeln anschaulich vermitteln.

Ja, ich weiß, dass man nach neuesten Erkenntnissen sein Kind gerade auf dem Motorik-Sektor nach dem Trial-and-Error-Prinzip vorgehen lassen sollte, aber meines z. B. wurde als verbissene Perfektionistin vorkonfiguriert und war so schnell wütend auf sich selbst, dass ich beschloss, ihr in solch einem Fall ein Erfolgserlebnis mit sanfter Unterstützung möglich zu machen. Und siehe da, es wurde vergnügt quietschend mitgelöffelt.

Natürlich rede ich nicht von Kampf-Füttern, aber es spricht für mein Empfinden wirklich überhaupt nichts dagegen, bei mancher Nahrungsaufnahme – so denn von Babys Seite Appetit und Interesse signalisiert wird – ein wenig zu helfen. Ich denke, man sollte dabei auf keinen Fall mehr Essen »einfüllen«, als vom Kind verlangt wird, aber solange man nur auf deutliche Nachfrage handelt, ist dies ja nicht der Fall.

Wieder ist es Zeit, Evas Ansatz zu erwähnen, der mich so überzeugte und der letztendlich zu diesem Buch führte: Wichtig ist, dass man es sich auch selbst angenehm und praktisch gestaltet. Und wenn man das Gefühl hat, seinem Kind eine Suppen-Freude zu bereiten, die es sich selbst noch nicht ermöglichen könnte, sodass es äußerst enttäuscht wäre, wenn es auf das sich gemeinerweise nur fast anbahnende Geschmackserlebnis verzichten müsste (»Warum nur bleibt dieses verdammte Zeug nicht auf dem Löffel liegen wie die anderen Sachen???!) – was sollte Sie davon abhalten? Wenn Sie mich fragen: nichts.

# Hebammen-Tipp

Wenn Sie es lieber oder auch mit Brei versuchen möchten, so gilt auch hierbei: Ihr Kind sollte mit wenig Unterstützung aufrecht sitzen können (und dies bei der Unternehmung auch tun!) und, ebenfalls wie beim Fingerfood, Interesse am Essen zeigen. Außerdem sind noch ein paar weitere Punkte hilfreich:

- Alle Beteiligten sollen es bequem haben!
- Lassen Sie Ihr Kind erst mal anschauen, was auf dem Löffel liegt, halten Sie es ihm nicht gleich direkt »unter die Nase«.
- Warten Sie ab, bis Ihr Kind den Mund öffnet, »bohren« Sie nicht den Löffel in den Mund hinein.
- Idealerweise sollte Ihr Kind den Mund schließen und mit der Oberlippe den Brei vom Löffel nehmen. Streifen Sie den Löffel nicht am Oberkiefer ab.
- Beschreiben Sie beim Rausholen des Löffels aus dem Mund eine Bewegung nach oben hin, Richtung Nase oder Stirn, ziehen Sie den Löffel nicht gerade heraus.
- Warten Sie, bis Ihr Kind geschluckt hat und Ihnen signalisiert (Geräusche, öffnet den Mund, …), dass es mehr will. Erst dann führen Sie den Löffel wieder zum Kind. Warten Sie nicht schon mit dem vollen Löffel vor dem Mund des Kindes darauf, dass es endlich schluckt und eeeendlich wieder den Mund öffnet.
- Haben Sie Ihr Kind im Blick, aber starren Sie es nicht die ganze Mahlzeit über an.
- Essen Sie selbst auch eine Kleinigkeit, damit Ihr Kind einen Gefährten hat.
- Warten Sie mit dem Saubermachen von Kinderhänden und vor allem Gesicht, bis Ihr Kind fertig gegessen hat, oder halten Sie sich damit zumindest so lang wie möglich zurück! Wenn zwischen den einzelnen Löffelchen stets am Kind »herumgewischt«

wird, ist dies sehr irritierend. Außerdem reiben Sie, wenn Sie Brei-
reste häufig mit dem Löffel aus Babys Gesicht einsammeln, zu oft
über die sensiblen Hautstellen um Mund und Nase. (Erinnern Sie
sich, wie schnell dieser Bereich durch häufigeres Schnäuzen allein mit einem weichen (!!) Taschentuch empfindlich wird!)

- Wenn Ihr Kind immer nach dem »Fütterlöffel« greift, sodass Sie
kaum den Weg in den Babymund schaffen, geben Sie Ihrem Kind
einen extra Löffel zum Halten, zum Spielen, so hat es auch etwas
in den Händen, oder verwenden Sie einen langstieligen Löffel, so
können Sie zu zweit zum Mund finden. Bitte halten Sie nie die Kin-
derhände und Arme fest oder binden sie gar weg.

- Respektieren Sie, wenn Ihr Kind den Mund zukneift, den Kopf
wegdreht oder Ihnen auf andere Weise zeigt, dass es nicht interessiert oder fertig ist. Bitte überreden oder zwingen Sie niemals
Ihr Kind zum Essen! Vermeiden Sie aufdringliche Strategien wie
z.B. »… ein Löffelchen für Tante Agnes« oder »Brummbrumm,
hier kommt das Flugzeug …!«.

**So albern das klingt**: Wir haben uns, als alles losging, zu Hause
mal selbst den Löffel gegenseitig vor die Nase gehalten. Probieren
Sie doch genau das einmal aus! Nehmen Sie einen Esslöffel, suchen
Sie nach etwas Geeignetem zum Füttern und dann legen Sie los! Sie
werden schnell merken, wie uncharmant es ist, wenn einem jemand
permanent, noch während man kaut, schon die nächste Material-
Lieferung vor die Ladeluke hält … Ich für meinen Teil finde, dass das
nicht nur furchtbar aggressiv macht, sondern einen auch unnötig
unter Druck setzt – irgendwie hat man sofort das Gefühl, Platz schaffen zu müssen für die nächste Runde. Und kommt nicht dazu, das
Essen wirklich zu schmecken und zu genießen.

# Nachhaltigkeitsgedanken

Gerade denke ich, all unsere Beschreibungen von nach unten fallendem Essen könnten Sie zur Vermutung verleiten, dass viel noch Essbares weggeworfen wird. Dem ist nicht so – gesetzt den Fall, Sie tragen Sorge dafür, dass der Boden um den Kinderstuhl herum bzw. die Auffangmöglichkeit sauber ist. Somit können Sie, wie Eva auf S. 106 anmerkte, heruntergeworfene Stücke problemlos wieder auftischen.

Die Tatsache, dass Ihr Kind im Einzelfall ein Nahrungsmittel ablehnt, bedeutet ja auch nicht im Geringsten, dass dies bei der nächsten Mahlzeit ebenso passieren wird. Es lohnt sich also, manche Speisekomponenten in der nächsten Runde einfach zur Wiedervorlage zu bringen. Zugegeben, Sie werden – gerade in der ersten Zeit – die ein oder andere kleine Schale mehr im Kühlschrank stehen haben. Aber vieles lässt sich mit ein bisschen vorausschauender Planung ja auch noch weiterverarbeiten. Die kleine übrig gebliebene Portion Gemüse in der Suppe am nächsten Tag, die restlichen Nudeln mit etwas Ei in der Pfanne angebraten, das Obst im Müsli am nächsten Morgen … Außerdem können Sie darauf achten, Ihrem Kind nie allzu viel Essen auf einmal anzubieten. Das ist ohnehin sinnvoller, da zu große Portionen sich so wunderbar als Matsch- und Spielmaterial zweckentfremden lassen …

Immer wieder »nachzuladen« verringert somit die Menge an bereits »benutztem«, aber dann final doch nicht verwertetem Essen.

An dieser Stelle fällt mir ein Tipp ein, der schon zum nächsten Kapitel passt: Falls Sie, sei es bei Freunden oder in einem Restaurant, einen zu voll gefüllten Teller für Ihr Kind bekommen, bietet es sich an, dazu noch um einen kleineren Teller oder ein Schälchen zu bitten. So können Sie für den kleinen Gourmet übersichtlicher servieren und das Essen kühlt überdies schneller ab. (Bitte **immer** vorher zur Sicherheit selbst probieren, am besten aus der heißesten Mitte und nicht nur mit dem Finger!)

# Auswärts essen

Mein Mann und ich sind beide leidenschaftliche Restaurant-Besucher und lieben es, sowohl unsere Stammlokale in hoher Regelmäßigkeit zu überfallen als auch quer durch die Stadt und durchs Land Neues auszuprobieren. So kam uns also die Tatsache, dass unser Kind sich gerade mit viel Elan Selbstesser-Fähigkeiten antrainierte, auch in dieser Hinsicht sehr gelegen.

Da ich keine vergleichenden Erfahrungen in Sachen Beikost und auswärts essen gemacht habe, kann ich mir keine ernsthaften Schlussfolgerungen erlauben. Mein Eindruck allerdings ist, dass sich ein Restaurantbesuch mit einem Kind, das durchaus für die Angebote auf der Speisekarte zu begeistern ist, ungleich entspannter gestaltet als ein solcher, bei dem man eine Gläschenaufwärmung organisieren und vor allem den Löffel Richtung Kinderrachen schwingen muss, statt sich selbst zu versorgen.

Am Anfang war Karline vollkommen zufrieden damit, sich auf meinem Schoß von meinem Teller zu bedienen. Selbstredend habe ich in dieser Zeit mit großem Bedacht meine Gerichte ausgesucht. Interessant war übrigens hierbei, die Erwähnung dieser Betrachtung wird mir mein Mann hoffentlich nicht allzu übel nehmen, dass tatsächlich in etwa 97 % aller Fälle ich diejenige war, die nichts allzu exotisch Gewürztes, Scharfes, Gebratenes bestellte, es sei denn, ich meldete vorher eine kulinarische Ego-Auszeit an! Um meinem Mann aber sofort wieder argumentativ beiseitezustehen, möchte ich noch anführen, dass er es natürlich durch das voll gestillte erste halbe Jahr überhaupt nicht gewohnt war, Verantwortung dafür zu übernehmen, was in unser Kind eingefüllt wurde, und somit auch nicht seine Essenswünsche mit Karlines Nahrungsaufnahme in eine mögliche Verbindung brachte. An dieser Stelle möchte ich deshalb also künftigen Fingerfood-Wegbeschreitern in aller Deutlichkeit klare Absprachen nahelegen, aber die sind ja in Sachen Kindererziehung und -betreuung sowieso uneingeschränkt zu empfehlen.

*Zurück zur Chronologie*: Als Karline nach und nach im Umgang mit Essen geschickter und sicherer wurde, trauten wir uns auch, sie mit weniger Einflussnahme (auf dem Schoß kann man ja relativ schnell einschreiten und fast schon fliegende Lebensmittel noch rechtzeitig auffangen) autark im Kinderstuhl arbeiten zu lassen.

Muss ich erwähnen, dass wir selbstverständlich auch die Wahl unserer Restaurants danach gestalteten, dass sowohl wir als auch Karline sich im jeweiligen Ambiente wohlfühlten und nicht den Eindruck haben mussten, wir zerstören entweder Mobiliar, Atmosphäre oder gar Ansehen des Lokals? Elegante, ganz in Weiß und minimalistisch dekorierte Szeneläden mieden wir natürlich, aus Rücksicht auf die Nerven der Betreiber, der anderen Gäste und auch auf unsere. Ein Restaurant, in dem man dem Kind, das ohnehin viel zu jung ist, so etwas zu verstehen, pausenlos sagen muss, dass es sich ruhig und unauffällig zu verhalten hat, ist natürlich kein sinnvolles Ziel für einen Familienausflug. Aber auch hier lässt sich Evas Credo mal wieder hervorragend anwenden: Verfahren Sie so, dass möglichst alle Beteiligten maximal vergnügt und entspannt sind.

Oft genug gibt es in Restaurants auch Sitzbänke, auf denen sich Alleinesitzer schon herrlich lümmeln können. Ich habe in solchen Fällen einfach eine Einweg-Wickelunterlage als Sitzpolsterschutz und Auffangvorrichtung verwendet.

In Situationen, in denen mir das ausgewählte Essen zu flüssig bzw. das ausgewählte Restaurant und dessen Tischdeko doch zu elegant für Karlines kreative Herangehensweise an Mahlzeiten schien, habe ich mir und ihr einfach einen Spaß daraus gemacht, uns jeweils abwechselnd eine Gabel oder einen Löffel zu kredenzen – vorausgesetzt natürlich, sie gab mir deutlich zu verstehen, dass sie an Nachschub interessiert war! Auch hierbei war ganz klar zu sehen und zu spüren: Sie nahm sehr vergnügt und zufrieden zur Kenntnis, dass sie genau dasselbe wie die Großen essen durfte.

Hier ein paar unserer favorisierten Speisen in verschiedenen Restaurantbetrieben:

## Italienisch

- Mozzarella und Tomate
- Vitello Tonnato
- Antipasti-Gemüse, falls nicht allzu ölig und entsprechend flitschig
- Nudeln, Nudeln, Nudeln und: Nudeln!
- Risotto
- ab und an auch mal ein Stückchen Pizza Margherita

## Orientalisch

- Hummus und Fladenbrot
- Falafel
- Couscous

## Asiatisch

- Die meisten Läden servieren auf Nachfrage gerne eine kleine Portion Reis mit etwas Hühner- oder Gemüsebrühe versetzt, lässt sich hervorragend löffeln!
- In Sushi-Restaurants gibt es immer handlich geschnitzte Gurkensticks für die Makis
- Karline mochte auch Omelette-Nigiris (Tamago!)
- Für Fortgeschrittene: milde Currys
- Edamame eignen sich zwar nicht zum »Auszuzeln«, da außen zu salzig, aber an den geschälten Sojabohnen hatte Karline große Freude

Generell bietet sich als Erstversorgung immer etwas Brot mit oder auch ohne Butter an, und nach unserer Erfahrung sind die meisten Restaurants gerne bereit, einen größeren Teller Gemüsebeilage oder Ähnliches zu servieren, wenn sie feststellen, dass der kleine Kunde bzw. die kleine Kundin ihrer Küche gegenüber aufgeschlossen ist.

# Hebammen-Tipp

Fragen Sie nach, ob Sie einen Hochstuhl reservieren können, wenn Sie mal zum überfüllten Brunch-Buffet wollen, erfahrungsgemäß gibt es für die ein bis zwei Hochstühle mindestens dreimal so viele Kinder!

Je nach Temperament und Schnelligkeit (der Eltern und des Kindes!) nehmen manche Familien einen Plastikbecher mit, der kann nicht zerbrechen.

Vielleicht mag es übertrieben klingen, aber stecken Sie sich auch ein paar Taschen-, Hygiene- oder Feuchttücher ein, falls es mal drunter und drüber geht auf oder unter dem Tisch, oder wenn vor Ihrem Besuch ein anderes Kind Essen in den Hochstuhlritzen versteckt hat.

Taschentücher lassen sich übrigens auch wunderbar mit etwas Wasser vom Tisch in Instant-Feuchttücher verwandeln!

**Und, auch noch aus Muttis Trickkiste**: Ich habe in meiner Ausrüstungstasche immer eine Mini-Flasche Thermalwasserspray dabei, falls doch mal kein Wasser bestellt wurde, aber Blitzreinigung erfolgen muss!

Viele Eltern, so scheint mir, fürchten Restaurantbesuche, weil sie Angst haben, dass ihr Nachwuchs unleidlich wird und dann nur noch schwer am Randalieren zu hindern ist. Ein solcher Zustand entsteht aber meist oder zumindest oft durch Langeweile. (Unbewusst, versteht sich, Ihr Kind weiß ja noch gar nicht, was Langeweile ist!) Jedoch kann man dieser wunderbar entgegenwirken:

○ Bestellen Sie so schnell es geht etwas zu essen, das auch für Ihr Baby interessant ist. (Bzw. die für das Kind vorgesehene Speise – über alles andere können Sie ja dann noch im Anschluss ganz gemütlich nachdenken.)

- Achten Sie darauf, es nicht unnötig früh im Kindersitz zu verstauen.
- Ist Ihr Tisch in einer Ecke gelegen, kann es in derselben herumtapsen bzw. krabbeln, ist es ein größeres und vielleicht unübersichtliches Lokal, in dem es Ihnen leicht entwischen könnte, gehen Sie mit ihm (vielleicht fairerweise abwechselnd) ein paar Runden spazieren, wenn es schon läuft.
- Nehmen Sie ein wenig raumsparendes Spielzeug mit, vielleicht sogar etwas Besonderes, was Sie nur im Restaurant auspacken.
- Weil ich mir eines Tages den Rücken verzog beim 58. Mal Plüschrassel-Aufheben mit Karline auf dem Schoß, machte ich quasi en passant eine praktische Erfindung, die mich noch Monate später freute (Karline fing recht spät an zu laufen und saß daher sehr häufig und gern mit Dingen hantierend auf meinem Schoß): Ich klinkte und knotete kurzerhand ein paar interessante kleine Baby-Spielzeuge in ein Schlüsselband ein, das ich an einem Ende entweder festhielt oder sogar, einer Schnullerkette gleich, irgendwo unauffällig an meiner oder Karlines Kleidung befestigte. Das gesamte Gebilde wurde im Lauf der Zeit altersgerecht überarbeitet und firmierte fortan unter dem hübschen Namen »das bunte Gerümpel!«.

# Und was ist mit Besteck?

Es gab zu diesem Thema einen sehr erinnerungswürdigen Moment, den ich gerne mit Ihnen teilen möchte. Wir waren bei Freunden zu Besuch, und Karline, ihres Zeichens damals knapp 11 Monate alt, saß gerade in der dortigen Küche mit mir zu Tisch. Es gab – natürlich – Fusilli mit Tomatensoße, die ich für sie der Einfachheit halber auf einem kleinen abwaschbaren Tablett ausgebreitet hatte. Sie aß mit tüchtigem Appetit und griff sich virtuos (wie ich fand!) eine Nudel nach der anderen, als eine Nachbarin – eine Dame älteren Jahrgangs – die Küche betrat. Karlines Vorgehensweise eine Zeit betrachtend hob sie zum Kommentar an.

Ich hätte Geld darauf gesetzt, dass sie etwas Anerkennendes äußern würde, und war dementsprechend mit schon minimal stolz geschwellter Brust bereit, sofort und ausführlich von unserer abenteuerlichen Nahrungseinführung zu berichten. Meinen Einsatz hätte ich verloren, denn was ich hörte, war: »Und wollen Sie dem Kind dann auch irgendwann Besteck gönnen oder soll das jetzt so bleiben??«

Aus heutiger Sicht rückblickend kann ich, meine Mutti-Ehre rettend, nun also sagen: Es blieb **natürlich** nicht so!

Genauso, wie Ihr Kind Sie am Anfang bei den ersten Essversuchen beobachtet und Ihre Kaubewegungen imitiert, observiert es Ihr Tischgebaren natürlich auch weiter. Solange Sie sich also nicht ausschließlich mit den Händen Ihre Mahlzeiten einverleiben, haben Sie also auch hier eine ausreichende Vorbildfunktion. Den Zweck eines Löffels wird Ihr Sprössling wohl als Erstes verstehen bzw. erlernen; damit kommt man, wenn einem fairerweise jemand größere Stücke Nahrung etwas kleiner schneidet, ja auch schon recht weit.

Haben Sie das Gefühl, dass er eines Tages Interesse an einer Gabel hat? Dann geben Sie ihm auch diese – es gibt ja zum Glück Kindergabeln mit stumpferen Zinken, die nicht gleich ein Sicherheitsrisiko darstellen. Kartoffelstücke etwa lassen sich besonders gut aufspießen und eignen sich damit für erste Übungen.

Und auch das Messer wird eines Tages von Interesse sein – nämlich sobald Ihr Kind sich sein Brot selbst buttern und bestreichen möchte.

In den ersten Monaten bleiben die Hände aber sicherlich das Hauptwerkzeug, und sollte das auch noch eine Weile länger der Fall sein, machen Sie sich auch hier keine unnötigen Gedanken. Spätestens beim gemeinsamen Essen in einer Betreuungseinrichtung wird die entsprechende Gruppendynamik dann auch für Besteckbegeisterung sorgen. Es ist sowieso ganz und gar erstaunlich, wie selbstständig diese kleinen Wesen innerhalb kürzester Zeit werden und was sie alles lernen und können. Umso erstaunlicher ist es, dass Sie nur durch Zufall davon erfahren werden, wenn Sie beispielsweise bei der Abholung noch unentdeckt beobachten, wie jemand sich, gerade auf dem Weg in den Hof, ohne Mühe Schuhe, Schal und Jacke anzieht, was zu Hause schlichtweg noch jahrelang nicht möglich scheint! Ich hörte sogar – ungelogen – meine Tochter eines Tages zu ihrer Erzieherin sagen: »Weißt Du Jessy, das ist so, ich erklär Dir das mal: Hier kann ich das, aber zu Hause sage ich der Mama, dass ich das noch nicht kann! Da sage ich dann, dass ich noch ein Baby bin und Hilfe brauche!!«

# Geschafft: ein komplett fertiger, kleiner Selbstesser!

Unsere Nahrungseinführung ist nun (also bei Bucherscheinen) seit 2½ Jahren vorbei, das Mädchen zählt schon erstaunliche 3 Lenze und ich kann Ihnen jetzt zum Abschluss noch ein erstes Resümee liefern: Karlines grundsätzliche Aufgeschlossenheit gegenüber neuem Essen und Geschmack hat sich phasenweise sehr verabschiedet – die Selbstesservariante generiert also auch keinesfalls und zwingend einen kleinen, neugierigen Gourmet, der immer fröhlich nach neuen geschmacklichen Abenteuern sucht. Zwischendurch hatte ich das Gefühl, sie letzlich nur noch und ausschließlich mit Penne Napoli oder Obst begeistern zu können. Alles andere »hab ich **einmal po-briert**, aber mag es nicht, Mama. **Wirklich** nicht«.

Das ist die einzige »Übergriffigkeit«, die ich mir in ihrem Speiseplan erlaube: Ich bestehe darauf, dass sie alles neu Angebotene zumindest einmal probiert. (Alle paar Monate behaupte ich dann wiederum, dass sie das bei der betreffenden Speise noch nicht getan habe, bzw. erkläre ihr, dass sich ihr Geschmacksempfinden ja auch ändern könne und sie das daher mal lieber schnell überprüfen solle, sonst würde sie vielleicht etwas Spannendes verpassen! Mit Schokolade, die sie anfangs lustigerweise auch verschmähte, habe ich da ein ganz gutes Beispielargument …)

**Das Gute ist**: Ich weiß, dass ich darauf vertrauen kann, dass sie isst, wenn sie Hunger hat. Und so traue ich mich mittlerweile auch durchaus, ihr zu erklären, dass das soeben Servierte die aktuell einzige Möglichkeit sei, zu essen, und gehe nicht auf ihre alternativen Bestell-Wünsche ein. Dann halte ich das Hungergequengel bis zur nächsten Hauptmahlzeit aus.

Generell habe ich das Gefühl, dass feste Essens- und auch »Snack«-Zeiten sehr sachdienlich wirken: Dazwischen gibt's nichts, auch nicht mal eben am späten Nachmittag auf dem Weg nach Hause, selbst wenn wir an unserem Stamm-Kiosk vorbeikommen – sonst ist es ja nur allzu verständlich, dass die Gemüsesuppe beim Abendessen keinen Gefallen findet, wenn vorher 17 Gummibärchen ihren schwungvollen Weg in den Magen antraten.

Ausnahmen bestätigen meine vermutete Regel, das ist natürlich klar. Im Urlaub z. B. handhaben wir alles laxer. Darüber hinaus habe ich entdeckt, dass es bei Karline sehr sinnvoll ist, ab und an ihren Süßigkeitsbedarf zu antizipieren – indem ich ihr von mir aus in Maßen etwas Schokolade oder Gummibärchen anbiete, verhindere ich einen allzu großen, modern gesagt, Jieper, also eine allzu große Gier darauf. Außerdem macht so eine Art paradoxe Intervention in unsere Essgewohnheiten auch einfach riesengroßen Spaß: feierlich direkt nach dem Sonntags-Frühstück einen Schokoriegel auf dem Küchenboden sitzend zu verspeisen, ist ein Erlebnis, das uns selbst genauso viel Funkeln in den Augen verschafft wie unserem Mädchen!

Momentan befinden wir uns wieder in einer hochexperimentellen Phase. Mutig wird am Tisch Neues auf den Teller geordert. Monatelang landeten wir z. B. mit Käse (nicht mal mit ihrem früher so heiß geliebten Brie) keinen Stich bei ihr – seit ein paar Tagen mag sie auf einmal »gepfefferte« Varianten, Gruyère oder auch Appenzeller!

Ich denke wirklich, das werden Sie inzwischen zur Genüge bemerkt haben, dass jedes Kind so individuell is(s)t, dass man hier nichts über einen Kamm scheren kann – nur indem man rechtzeitig und immer wieder die Möglichkeit eines vielfältigen Geschmackserlebnisses offeriert und dabei vor allem geduldig und offen bleibt, kann man ihm helfen, sich auf seine Weise und in seinem eigenen Tempo die wunderbare Welt der Nahrung zu erobern.

# Schlussworte

Jetzt haben wir Sie also hoffentlich ein bisschen inspiriert, vielleicht sogar so weit, dass Sie sich schon mit Ihrem Nachwuchs auf die Selbstesser-Reise begeben haben oder nun beginnen wollen?

Vermutlich haben wir Ihnen zumindest ein paar Gedankenanstöße in Sachen Kinderernährung geben können.

**Falls dem nicht so ist**: Auch gut, dann wissen Sie jetzt dafür umso konkreter, was Sie alles **nicht** machen wollen!

In jedem Fall bedanken wir uns für Ihre Aufmerksamkeit …

Herzlichst
Ihre
Loretta Stern
Eva Nagy

# Anhang

## Anmerkungen

1. Rapley, Gill, Murkett, Tracey: **Baby-led Weaning – Das Grundlagenbuch,** Kösel-Verlag, München (Herbst) 2013
www.nhs.uk/Conditions/pregnancy-and-baby/Pages/solid-foods-weaning.aspx
www.unicef.org.uk/Documents/Baby_Friendly/Leaflets/3/introducing-solid-foods.pdf

2. Townsend, Ellen, Pitchford, Nicola J.: **Baby knows best? The impact of weaning style on food preferences and body mass index in early childhood in a case-controlled sample,** http://bmjopen.bmj.com/content/2/1/e000298.full

3. Renz-Polster, Herbert: **Kinder verstehen,** Kösel-Verlag, München 2009, S. 23

4. www.pediatricsdigest.mobi/content/107/6/e88.full

5. www.ncbi.nlm.nih.gov/pmc/articles/PMC537465/pdf/canmedaj00208-0035.pdf

6. www.nature.com/ijo/journal/v30/n7/full/0803288a.html

7. Deutsche Gesellschaft für Ernährung e.V.; Heseker/Heseker: **Die Nährwerttabelle,** Neuer Umschau Buchverlag, Neustadt an der Weinstraße, 2. Aufl. 2012

8. www.hipp.de/milchnahrung/produkte

9. Netzwerk junge Familie: www.gesundinsleben.de/fileadmin/SITE_MASTER/content/Dokumente/Downloads/Medien/3291_handlungsempfehlungen_saeuglinge.pdf

AWMF S3 Leitlinien zur Allergieprävention: www.awmf.org/uploads/tx_szleitlinien/061-016_S3_Allergiepraevention_03-2009_03-2014.pdf

10. www.efsa.europa.eu/fr/scdocs/doc/1423.pdf

11. Leitlinie Allergieprävention: www.awmf.org/uploads/tx_szleitlinien/061-016_S3_Allergiepraevention_03-2009_03-2014.pdf

12. www.dge.de/modules.php?name=News&file=article&sid=844

13. Guandalini, S.: The influence of gluten: weaning recommendations for healthy children and children at risk for celiac disease, www.ncbi.nlm.nih.gov/pubmed/17664902

14. Henriksson, C., Boström, A.M., Wiklund, I.E.: What effect does breastfeeding have on coeliac disease? A systematic review update, www.ncbi.nlm.nih.gov/pubmed/22864373 www.unicef.org.uk/Documents/Baby_Friendly/Statements/3/UNICEF_UK_response_to_BMJ_article_140111.pdf

15. Gemeint ist hier ab der 17. Woche

16. www.babyfreundlich.org/fileadmin/download/profi-info/Stellungnahme_WHO-UNICEF-Stilldauer__2011-03-25.pdf

17. AWMF Leitlinie Allergieprävention: www.awmf.org/uploads/tx_szleitlinien/061-016_S3_Allergiepraevention_03-2009_03-2014.pdf

18. Nach Harder, Ulrike: Wochenbettbetreuung in der Klinik und zu Hause, Hippokrates Verlag, Stuttgart 2003, S.77

19. Oliveira, A.S., Silva, Rde C., Fiaccone R.L., Pinto, Ede J., Assis, A.M.: Effect of length of exclusive breastfeeding and mixed feeding on hemoglobin levels in the first six months of life: a follow-up study, www.ncbi.nlm.nih.gov/pubmed/20396856

20. Pisacane, A., De Vizia, B., Valiante, A., Vaccaro, F., Russo, M., Grillo, G., Giustardi A.: Iron status in breast-fed infants, www.ncbi.nlm.nih.gov/pubmed/7658275

21. Deutsche Gesellschaft für Ernährung e.V.; Heseker/Heseker: Die Nährwerttabelle, Neuer Umschau Buchverlag, Neustadt an der Weinstraße, 2. Aufl. 2012

22. Deutsche Gesellschaft für Ernährung e.V.; Heseker/Heseker: **Die Nährwerttabelle,** Neuer Umschau Buchverlag, Neustadt an der Weinstraße, 2. Aufl. 2012

23. www.dge.de/modules.php?name=News&file=article&sid=1130

24. http://www.bdl-stillen.de/tl_files/bdl/files/eigene_Infoblaetter/Infoblatt_Beikost_4.pdf
http://eltern.babyfreundlich.org/fileadmin/download/info_material/Empfehlungen/Empfehlung_Beikost_Eltern2013-05-17.pdf

25. Stuebe, Alison M. et al.: »The Risks of Not Breastfeeding for Mothers and Infants«. In: **Arch Intern Med.** 2009;169 [15]:1364-1371, http://www.ncbi.nlm.nih.gov/pmc/articles/PMC2812877/
www.hebammenverband.de/index.php?id=2455
www.who.int/features/factfiles/breastfeeding/facts/en/index1.html (sowie .../index2.html; .../index3.html und .../index9.html)
www.unicef.org/programme/breastfeeding/
http://pediatrics.aappublications.org/content/129/3/e827.full
www.bfmed.org/Media/Files/Documents/pdf/Press%20Releases/Undeniable%20Benefits%20of%20Breastfeeding%20%20%281.20.11%29.pdf

26. Empfohlen wird es außerdem von: der **European Society for Pediatric Gastroenterology, Hepatology and Nutrition** sowie der **North American Society for Pediatric Gastroenterology, Hepatology and Nutrition,** http://espghan.med.up.pt/position_papers/Breastfeeding.pdf

27. www.healthypeople.gov/2020/topicsobjectives2020/objectiveslist.aspx?topicId=26
http://healthypeople.gov/2020/topicsobjectives2020/overview.aspx?topicid=26

28. Deutsche Gesellschaft für Ernährung e.V.; Heseker/Heseker: **Die Nährwerttabelle,** Neuer Umschau Buchverlag, Neustadt an der Weinstraße, 2. Aufl. 2012

29. Harder, Ulrike: **Wochenbettbetreuung in der Klinik und zu Hause,** Hippokrates Verlag, Stuttgart 2003

30. www.hipp.de/index.php?id=1089

www.milupa.de/mil/de/home/produkte/milchnahrung/milch-nahrung.jsp

www.babyservice.de/produkte/beba/Beba_Milchnahrungen/product?p=beba-pro-1.aspx

www.babyservice.de/produkte/alete/Alete_Milchnahrungen/product?p=alete-pre.aspx

31. Hormann, Elizabeth: **IBCLC Vortrag,** gehalten am Berlin-Brandenburgischen Stillseminar, Berlin, 25. Oktober 1997

32. Kittel, Anita M.: **Myofunktionelle Therapie,** Schulz-Kirchner Verlag, Idstein 2009

33. Ruowei, Li: **Do Infants Fed From Bottles Lack Self-regulation of Milk Intake Compared With Directly Breastfed Infants?** http://pediatrics.aappublications.org/content/125/6/e1386.full#xref-ref-40-1

34. Siehe Anmerkung 33

35. www.dgkj.de/wissenschaft/stellungnahmen/meldung/meldungsdetail/hinweise_zur_zubereitung_und_handhabung_von_saeuglingsnahrungen/

36. www.mds-ev.de/1701.htm

37. http://dge.de/modules.php?name=News&file=article&sid=1135

http://www.gesundinsleben.de/fuer-familien/erstes-lebensjahr/zeit-fuer-breikost/

38. http://journals.lww.com/jpgn/Fulltext/2008/01000/Complementary_Feeding__A_Commentary_by_the_ESPGHAN.21.aspx (ESPGHAN2008)

39. Deutsche Gesellschaft für Ernährung e.V.; Heseker/Heseker: **Die Nährwerttabelle,** Neuer Umschau Buchverlag, Neustadt an der Weinstraße, 2. Aufl. 2012

40. www.hipp.de/milchnahrung/produkte/hipp-bio/bio-anfangs-milch/

41. Deutsche Gesellschaft für Ernährung e.V.; Heseker/Heseker: **Die Nährwerttabelle,** Neuer Umschau Buchverlag, Neustadt an der Weinstraße, 2. Aufl. 2012

42. www.nhs.uk/chq/Pages/824.aspx

43. Deutsche Gesellschaft für Ernährung e.V.; Heseker/Heseker: **Die Nährwerttabelle,** Neuer Umschau Buchverlag, Neustadt an der Weinstraße, 2. Aufl. 2012

**Hinweis**: Der Stand der als Quellen genannten Homepages bezieht sich auf den jeweils letzten Besuch der Autorinnen auf diesen Seiten im September 2013.

# Weiterführende Links und Literatur

## Interessante Kommentare zu der AWMF-Leitlinie und Beikost

www.stillen-institut.com/asp_service/upload/content/Vom-Nutzen-des-Stillen-Krawinkel-Kinder-und-Jugendmedi-zin-02.2011.pdf

www.gpau.de/fileadmin/user_upload/GPA/dateien_indiziert/Zeit-schriften/Paed._Allergologie_2–12_Topic_1.pdf

www.stillen-institut.com/de/empfehlungen-zur-beikost-1.html

## Leitlinien zur Allergieprävention

www.awmf.org/uploads/tx_szleitlinien/061–016_S3_Allergiep-raevention_03–2009_03–2014.pdf

## Spannende Literatur

Eliot, Lise: **Was geht da drinnen vor? Die Gehirnentwicklung in den ersten fünf Lebensjahren,** Berlin Verlag, Berlin 2010

Gonzales, Carlos: **Mein Kind will nicht essen,** La Leche Liga 2010

Largo, Remo: **Babyjahre,** Piper Taschenbuch, München 2010

Rapley, Gill, Tracey Murkett: **Baby-led Weaning – Das Grundla-genbuch,** Kösel-Verlag, München (Herbst) 2013

Renz-Polster, Herbert: **Kinder verstehen,** Kösel-Verlag, München 2009

Renz-Polster, Herbert: **Menschenkinder,** Kösel-Verlag, München 2011

von Ribbeck, Janko: **Schnelle Hilfe für Kinder**, Kösel-Verlag,
     München 2012
van de Rijt, Hetty, Plooij, Frans X.: **Oje, ich wachse!**, Goldmann,
     München 2010


## Adressen rund ums Stillen

Deutscher Hebammenverband: www.hebammenverband.de
Berufsverband Deutscher Laktationsberaterinnen IBCLC:
     www.bdl-stillen.de
Arbeitsgemeinschaft Freier Stillgruppen: www.afs-akinternet.de
La Leche Liga Deutschland: www.lalecheliga.de
ELACTA Europäische Laktationsberaterinnen Allianz:
     www.stillen.org
Ausbildungszentrum Laktation und Stillen: www.stillen.de


## Das Mutterschutzgesetz zum Nachlesen

www.gesetze-im-internet.de/muschg

## Mehr Infos zum Mutterschutzgesetz:

www.bfr.bund.de/cm/343/stillen_und_berufstaetigkeit.pdf
www.hebammenverband.de/index.php?id=889 **(Stillen und
     Beruf – Ein Ratgeber für Arbeitnehmerinnen)**

# Register

## A

Abstillen 75 f., 134
Allergien 51 ff., 75
Auge-Hand-Mund-Koordination 41, 76
Ausrüstung 104 ff., 110

## B

Becher 74, 78, 80, 82, 90, 107 ff.,
Beikostreifezeichen 22
Berufstätigkeit 74
Besteck 110, 131,146 f.

## D

Davis, Clara 33

## E

Eiweißgehalt (Liste) 39
Eisen 58 ff., 63, 68
Eisengehalt verschiedener Lebensmittel (Liste) 62
Ersatzmilch (Formulamilch) 51, 55, 58 f., 74 f., 77 ff., 119
Ersticken 45

## F

Fingerfood, wichtige Grundlagen 28 f.

Fingerfood bei Flaschenkindern 77 ff.
Flasche 26, 74 ff., 81 f., 98 f., 108 f., 121
Flaschenfütter-Tipps 76
Flaschensauger 75 f.
Formulamilch (Ersatzmilch) 51, 55, 58 f., 74 f., 77 ff., 119,
Fruchtwasser 32

## G

Gluten 51 f., 56

## H

HA-Nahrung / Hypoallergene Nahrung 55, 75
Händewaschen 32, 111
Hebammenhilfe 14 f., 76
Heimlich-Manöver 46 f., 49 f.
Hochstuhl 83 ff., 90, 104 f., 110

## J

Joghurt 17, 38 ff.

## K

Kaloriengehalt verschiedener Lebensmittel (Liste) 69
Kolostrum 66
Kuhmilch 39 f., 52, 59 f.

**L**

Laktoferrin 58, 68
Löffelfütterung 23, 94, 122, 138 f.

**M**

Milchstau 77
Muttermilch 12, 25, 32 f., 66, 70, 78, 80, 119
-abpumpen 74, 77, 98
-reduzierung 72, 74, 77

**N**

Natriumgehalt verschiedener Lebensmittel (Liste) 115 f.
Nuckelflaschenkaries 82

**O**

Öl 63 f., 69, 116

**P**

Pikler, Emmi 84 f, 128
Pinzettengriff 42, 118, 137
Pre-Nahrung / 1er-Nahrung 55, 74 f., 78, 98, 114, 120 f.

**Q**

Quark 39 f., 77

**R**

Rückenklopfmethode 46 f.

**S**

Saft, Saftschorle, Schorle 63, 82
Sch... ., 26, 42 ff., 48 f., 68, 93, 109, 112, 138
Schnabeltasse, Trinklern-tasse 82, 108 f.
Salz 27, 38, 113 ff., 129
Stilldauer 65, 70
Stillen, Vorteile 59, 65
Stuhlgang 53 f., 56, 65, 133

**T**

Tee 38, 77, 81 f.
Trinklerntasse, Schnabel-tasse 82, 108 f.

**V**

Vegetarische und vegane Ernährung 63
Verschlucken 38, 46, 49, 75, 87
Vitamin C-Gehalt verschie-dener Lebensmittel 61

**W**

Wasser 63, 78 ff., 97, 108 f.
Wasserfilter 81
Würgereflex 28, 45 f., 49, 123

**Z**

Zähne 29, 43, 82, 98 f., 109
Zöliakie 56
Zucker, Zuckerersatz 23, 34, 38, 40, 43, 82, 114
Zungenstoßreflex 22, 29, 42, 75

# Aus Wickeln wird Wellness

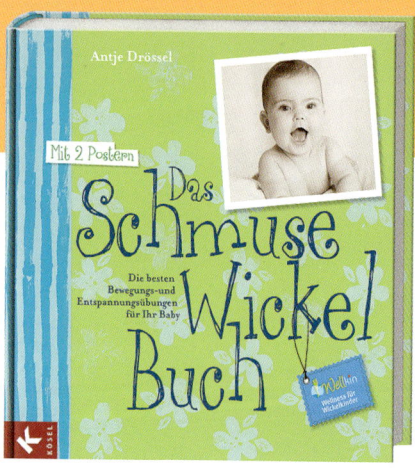

Antje Drössel
**DAS SCHMUSE-WICKEL-BUCH**
Die besten Bewegungs- und Entspannungsübungen für Ihr Baby
978-3-466-34556-4

So wird die tägliche Routine zur Wohlfühlzeit: Mit dem
Wellness-Konzept für Windelkinder (WellKin®) fördern Sie
spielerisch die Entwicklung und schenken Ihrem Baby
ungeteilte Aufmerksamkeit fernab vom Alltagsstress. Die
Bewegungs- und Entspannungsübungen machen aus dem
morgend- und abendlichen Wickeln ein besonderes Erlebnis
mit Schmusefaktor. Das Beste aus Massage, Gymnastik, Yoga
& Co. für Ihr Baby!
Und endlich kommen auch Sie selbst nicht zu kurz:
Zahlreiche Tipps für schlafhungrige und gestresste Eltern
bringen den Wellness-Urlaub an den Wickeltisch.
Extra: Mit zwei Übungspostern zum Aufhängen.